Editora responsable: Ana Doblado
Textos: Giunti + Thema / Equipo Susaeta
Diseño gráfico: Marcela Grez
Integración de imágenes: Natalia Rodríguez
Imágenes:

TODOLIBRO EDICIONES, S.A.
C/ Campezo, s/n - 28022 Madrid
Tel.: 913 009 115 - Fax: 913 009 110

Pequeño gran libro de ARTE

TODOLIBRO

Repasar varios miles de años de la historia del arte en un solo volumen no es tarea fácil y la simplificación es inevitable. Sin embargo, un primer acercamiento, como es éste, es oportuno para despertar el amor por el arte.

El libro está estructurado en dos partes: la primera aporta una visión histórica a través de las manifestaciones artísticas más importantes para la comprensión de la evolución cultural del ser humano; la segunda presenta las visiones particulares de grandes genios que a través de la pintura han quedado inmortalizados en nuestra memoria.

Deseamos sobre todo inspirar en el lector el anhelo por conocer el arte y estimularle para que así se sumerja en el maravilloso mundo de la creación artística.

Retrato de un desconocido con la medalla de Cosme de Médici
SANDRO BOTTICELLI

EL NACIMIENTO DEL ARTE

El arte surge como necesidad de expresión del hombre con el Homo sapiens.

En el Paleolítico Superior se distinguen el arte mobiliar y el arte rupestre. El primero comienza con la talla en madera y modelado en barro hasta llegar al esplendor de figuras de marfil (40.000 y 20.000 años a.C.), que suelen reproducir cabezas o cuerpos de mujer, las «Venus» (Laussel, Lespugue o Willendorf), identificadas con el deseo de fertilidad. También se conservan escenas de caza y utensilios o instrumentos en hueso, piedra o sílex tallado. Así, el hombre prehistórico encontró en éstos sus armas de supervivencia más eficaces.

El arte rupestre tiene un gran interés histórico y artístico, tanto por las técnicas pictóricas que emplea (mezcla de jugos vegetales, de grasas, madera quemada, tierras, etc.), como por el aprovechamiento de las rugosidades de la roca para crear volumen, el detalle y su expresión del movimiento. Una de las zonas más importantes donde esto se presenta es la escuela franco-cantábrica (cuevas de Altamira, Lascaux, El Pindal, etc.). Aquí el naturalismo del detalle se acerca al expresio-

Cabeza de mujer. Marfil. Altura: 3 cm. Fechada entre 16.000 y 10.000 años a.C. (París, Museo de las Antigüedades Nacionales de Francia).

Escena de caza, Lascaux, Pintura rupestre. h. 20000 a.C. (Dordoña, Francia).

nismo, la policromía reina y el animal es el protagonista; sin embargo el hombre es el señor electo de la creación y comienza a considerarse superior. La otra zona es la levantina-española y tiene sus mayores ejemplos en el Neolítico. Se muestran escenas de danza, caza o recolección en abrigos rocosos, predominando la monocromía. Además, se introduce la figura del hombre, rozando la abstracción y estilización, como si se avergonzara de la forma que le ha dado la naturaleza, ocultando su rostro, pero presente; que será pasado y también futuro.

Donde lo sagrado y lo profano son inseparables, donde el mundo se concibe en su unidad, donde todo está asociado en un lugar sin tiempo, en un lugar eterno, se da a luz y se da luz al arte.

Figura femenina con cuerno de bisonte. Entre 27.000 y 18.000 años a.C. Bajorrelieve en roca, altura 40 cm (Laussel, Dordoña).

Representación mural de bisontes, h. 12.000 a.C. Cuevas de Altamira (Cantabria).

EGIPTO

ARTE PARA LOS MUERTOS

Egipto comienza a dar señales de lo que será su esplendor alrededor del año 3000 a.C. (unificado ya el Alto y Bajo Egipto). Miles de años que dejaron un gran legado artístico marcado por una fuerte religiosidad politeísta. La relación de la divinidad con el hombre se da a través del faraón, de ahí su carácter sagrado, que con el tiempo se irá disipando. Sólo hay un inciso en este seguimiento religioso y es con Akhenatón, dinastía XVIII, que acomete un cambio en este sentido y establece una religión monoteísta, aunque pronto se retomará la anterior.

En consecuencia, parece inevitable la importancia que toman los templos y tumbas (mastabas, pirámides, hipogeos…). La mansión de los muertos toma más importancia que la casa de los vivos. Es una arquitectura colosal, por eso la columna aparece bajo su uso estructural y decorativo. Todo ello da lugar a una construcción en piedra, labrada geométricamente.

Tumbas: Las mastabas fueron las primeras tumbas de los personajes notables de la sociedad. Su superposición física dio lugar a la pirámide escalonada (como la de Zóser, 2700 a.C.). Esta última dará origen a la perfección e inmensidad arquitectónica de las pirámides de Guiza, en la IV dinastía (pirámides de Keops, Kefrén y Micerinos, entre 2600 y 2500 a.C.), que presentaban una estructura interna complicadísima para impedir el expolio del ajuar funerario.

El faraón Kefrén, IV dinastía, h. 2590 a.C. (detalle). Diorita, altura total 1,68 m (Museo Egipcio, El Cairo).

Un nuevo tipo de tumba excavada en la ladera de la montaña aparece con la dinastía XVIII: el hipogeo (ejemplo: tumba de Tutankhamón).

Templos: Fue la misma dinastía XVIII la que, posiblemente hacia el 1580 a.C., impulsó la construcción de los inmensos templos. Éstos tienen una particular estructura marcada por una gran avenida, en la que se suceden dos hileras de esfinges, un obelisco y dos pilonos, que señalan majestuosamente la entrada al templo. En el interior se presenta la zona noble y deificada. En el 1500 a.C. existe un caso de templo diverso, el speos, mandado realizar por la reina Hatshepsut. Estaba excavado en el interior de la montaña, fundiéndose con la naturaleza sagrada.

En el terreno escultórico cabe destacar el solemne hieratismo que caracteriza a las piezas y su frontalidad. En el Imperio Antiguo se marca un ansia por el realismo, sobre todo en el rostro, como representación del difunto. En el Imperio Medio el arte se acerca a la realidad cotidiana y se perciben algunos sentimientos. En la dinastía XIII se vuelve al academicismo, pero con la dinastía XVIII hay una gran renovación artística y espiritual, especialmente con Akhenatón, perceptible en los temas y técnicas empleados (busto

Pirámides de los faraones de la IV dinastía en Guiza (El Cairo).

Imagen de la diosa Hathor pintada en una tumba del Valle de los Reyes.

Vista del gran templo rupestre de Ramsés II en Abu Simbel.

de Nefertiti). En los relieves se representan escenas de la vida cotidiana a todo color. Pronto, en la época de los Ramésidas (Ramsés), adviene un nuevo cambio. Se cultiva el colosalismo estatuario para marcar el imperialismo dinástico.

La pintura (Imperio Nuevo) comienza a desplazar al relieve. La escritura jeroglífica, la naturaleza, los temas de caza y pesca, trabajos agrícolas y fiestas se convierten en los motivos predilectos. Los colores son intensos y contrastados, de contornos nítidos, y el movimiento está perfectamente captado.

Egipto se convierte así en una civilización en la que tienen cabida las más variadas aventuras artísticas, ateniéndose siempre a unos principios muy férreos, que mueven su «Más Acá» y lo convierten en su «Más Allá».

Khnum, con cabeza de carnero, navega junto a Hathor hacia los infiernos sobre una embarcación de papiro (detalle de la tumba de Horemheb, Valle de los Reyes).

Joya de oro y esmalte correspondiente a la XVIII dinastía.
Representa al dios-halcón Horus. Altura 10 cm.
(Museo Egipcio, El Cairo).

FUSIÓN DE CIVILIZACIONES

Mesopotamia constituye el encuentro de dos culturas diferentes. En el Bajo Valle los sumerios y acadios dan lugar a una civilización urbana y burocrática, con un sacerdocio organizado para el culto a deidades protectoras, generando ciudades-templo. En el Alto Valle, los asirios, pueblo guerrero, conforman una civilización militar de ciudades-fortaleza.

El Bajo Valle aporta el arco, como consecuencia surge la bóveda. En su lugar, en el Alto Valle los asirios proponen el uso tópico del hierro como material de construcción.

La escultura sumeria posee un contenido religioso. También aparece un nuevo género: la estela (bloque sobre el que se graba algún texto en relieve). La escultura asiria asume un papel político: la glorificación del soberano. Lo más significativo son sus relieves.

Finalmente, el templo se convierte en una pequeña ciudad con una gran torre, llamada zigurat.

Águila con cabeza de león que representa al dios Ningirsu.

La puerta de Ishtar, conservada en el Museo Pergamon de Berlín.

CRETA

DESPERTAR DEL MEDITERRÁNEO

En el año 2000 a.C. la isla de Creta se sitúa en un mar de comercio muy activo. Fruto de ese desarrollo cultural son los palacios de Cnosos, Faistos o Hagia Tríada, que cuentan con una compleja arquitectura arquitrabada. En ésta la columna presenta el primitivo esquema de lo que será la columna dórica griega.

Estos palacios estaban cubiertos de vivos colores y pinturas parietales al fresco, combinadas con bajorrelieves de estuco. Reflejaban temas de la vida cotidiana, un gran amor a la naturaleza, a los animales y las plantas, mostrando un gran sentido del movimiento y matices cromáticos, como en el tema de la Tauromaquia. Además existe una influencia de Egipto en sus perfiles.

La escultura fue trabajada de forma casi industrial, realizándose múltiples ejemplos de estatuillas de la diosa domadora de serpientes, damas de falda acampanada, hombres desnudos y varias tallas de marfil. Gracias a estas esculturas se puede conocer el atuendo típico del momento.

Sobre estos cimientos Grecia construirá una sólida edificación de infinita altura.

La Sacerdotisa de las serpientes bajo su apariencia de divinidad protectora del hogar, h. 1550 a.C. (Museo Arqueológico, Heraklion).

Escena pintada que representa los juegos acrobáticos con el toro, palacio de Cnosos.

Detalle del palacio de Cnosos, 1600 a.C. Son características sus columnas pintadas de rojo.

MICENAS

EL ARTE GUERRERO

Los micénicos eran un pueblo guerrero que quería mostrar su carácter militar. Por eso en Micenas y Tirinto, en la península del Peloponeso, aparecen murallas ciclópeas con grandes puertas, como la de los Leones, que protegen las ciudades-fortaleza.

Hacia 1400-1300 a.C. este pueblo conquistó Creta, adoptando muchos de sus hábitos culturales y artísticos, como diversas técnicas pictóricas y de orfebrería.

Uno de sus mayores monumentos lo conforman las tumbas (ej. Tumba de Atreo), que eran de corredor y desembocaban en una gran cámara cubierta por una falsa cúpula, construida mediante la técnica de aproximación de hiladas de piedras. Originariamente algunas de estas hileras de piedras estaban adornadas por rosetas de bronce, al igual que sucedía probablemente con las puertas.

Su fuerza, orgullo y tesón por crecer derivó en la convergencia de esta civilización con la cretense hasta dar lugar, dadas sus múltiples influencias, al gran arte y pueblo griego.

Máscara de Agamenón.

La puerta de los Leones, Micenas, s. XIV a.C.

Puñal ornamentado en oro representando escenas de caza.

GRECIA

CUNA DE OCCIDENTE

El mundo griego constituye una extensión occidental de las cavilaciones del arte de Oriente Próximo. No es mucha la diferencia entre la escultura y los dibujos de la Grecia de los siglos VIII y VI a.C. y los de Anatolia, Mesopotamia y Egipto. Pero fue aquí donde se alcanzó la expresión de lo absoluto y su universalidad, de la que beberá el arte futuro.

Uno de los puntos clave de esta cultura es la conformación de la polis. Los elementos básicos son el ágora, la stoa, el gimnasio, la palestra, el teatro (que aprovechaba la inclinación de la falda de una colina, ej. Teatro de Siracusa) y la vivienda, cuyas estancias giraban en torno a un patio de columnas.

El templo domina la urbe desde la altura divina que le corresponde. Su principal fin era el de cobijar la estatua de la divinidad.

La apariencia del edificio es casi escultórica. El ejemplo máximo es la columna, cuyos estilos son el dórico, el jónico y el corintio.

El dórico alcanza su plenitud con el Partenón. El jónico, con el Erecteion y su tribuna de Cariátides. El corintio no se generaliza hasta el helenismo.

Metopa del templo de Hera, s. VI a.C. (Museo Arqueológico, Paestum, Grecia).

Detalle del friso interior del Partenón (Atenas, Grecia).

Detalle de un capitel jónico con volutas.

Detalle de un capitel dórico.

El teatro griego
de Siracusa.

Máscara teatral tragicómica.

El Erecteion, 421-406 a.C.
Detalle de la galería
de las Cariátides (Acrópolis de Atenas).

En la escultura del periodo arcaico la influencia de los modelos orientales es bastante fuerte: expresión hierática muy marcada, ojos almendrados y frontalidad. Los ejemplos son esculturas de atletas (kóuroi), y mujeres (koré) vestidas de sacerdotisas.

En el s. v a.C. la escultura clásica alcanza su máximo esplendor en el estudio de la belleza física, el equilibrio espiritual, la proporción, la armonía, la idealización y la serenidad. Algunas de las figuras más importantes son Mirón, Fidias y Polícleto, en el s. v a.C. y Scopas, Praxiteles y Lisipo en el s. IV a.C.

El periodo helenístico introduce nuevos valores estéticos, como la exteriorización y expresión de los sentimientos, el dramatismo, los cuerpos retorcidos por el dolor y la angustia, etc. No se consigue una unidad de estilo ya que aparecen diversos centros o escuelas, como Pérgamo, Rodas o Alejandría. Y así se consume poco a poco el esplendor de una cultura tan rica como voluble.

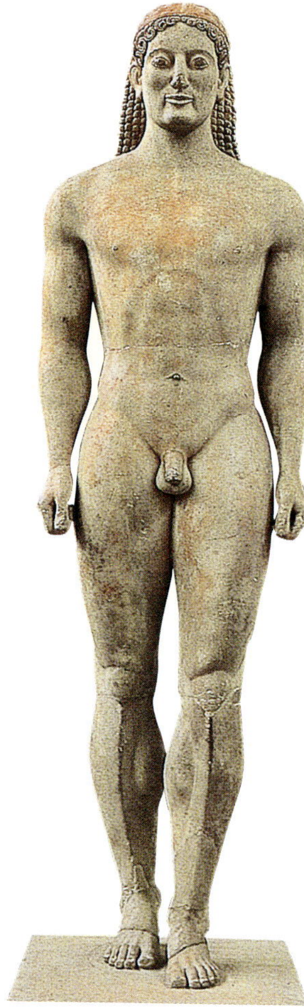

Estatua de kuros de Anavyssos s. IV a.C. (Museo Arqueológico, Atenas).

El discóbolo, Mirón, copia antigua del original del s. V a.C. Mármol, altura 1,24 m (Museo Nacional, Roma).

Doríforo, Policleto, copia romana. Mármol (Museo Nacional, Nápoles).

El Laocoonte, grupo escultórico atribuido a la escuela de Rodas, s. I a.C. Mármol, altura 2,42 m (Museos Vaticanos, Roma).

Copa, obra ática de 495 a.C.

ROMA

EL ARTE DEL IMPERIO

Roma revoluciona la arquitectura y las técnicas de construcción, dando lugar a verdaderas obras de ingeniería. Todo tiene lugar gracias a una serie de influencias: las culturas itálicas primitivas, el arte etrusco y el arte griego.

El arte etrusco se da en la región de la Toscana. Tenía un especial culto a los muertos y prestaba gran atención al retrato como realidad puramente artística; además empleaba el arco.

Las ciudades romanas presentan un trazado de cuadrícula, cuyo origen está en los campamentos militares. En su interior se encuentra el Foro y alrededor los templos, la basílica, el teatro, el circo, etc.

Parte de este espacio lo conforman también las obras públicas de ingeniería, como las calzadas, los puentes, acueductos de enormes dimensiones, etc., todo ello haciendo un uso inimaginable y prodigioso del arco en todas sus funciones.

La mayor expresión de la arquitectura romana está en los monumentos públicos, como la basílica, las termas, el anfiteatro (el ejemplo más impresionante es el Coliseo de Roma), los teatros, que aunque parten de la idea griega, no se excavan en la ladera de la montaña. Así, detrás de las gradas queda un espacio para galerías abovedadas.

Rómulo y Remo, amamantados por la loba.

Arco de Septimio Severo. Año 203.

Los monumentos conmemorativos dan testimonio de su grandeza. Los arcos normalmente presentan relieves que conmemoran batallas (ej: el Arco de Tito, en Roma). Las columnas (ej: la Columna de Trajano), con esta misma decoración escultórica, sirven de soporte para una narrativa.

El Foro de Augusto, con el templo de Marte Ultior, se abrirá tras la victoria de Filipos en el año 42 a.C.

El Anfiteatro Flavio o Coliseo, inaugurado en el año 80.

Los templos romanos se asentaban sobre un pedestal o *podium*.

También existían templos circulares, en algunos casos de dimensiones gigantescas, como el Panteón de Agripa.

La casa en Roma toma un valor muy alto. Se distribuyen las habitaciones en torno a un patio central, a través del cual la luz entra en todas las estancias. Este patio a partir del s. II a.C. será de columnas (peristilo), con ejemplos significativos en Pompeya y Herculano.

En la escultura, el interés por lo ideal de los griegos no desaparece. Desde la República hasta los Flavios (s. II a.C.) predomina una escultura de carácter divinizante. Pero más tarde se aprecia en el relieve el origen helenístico en el uso de la perspectiva y otros efectos de profundidad (ej: Ara Pacis Augustae).

A partir del s. I a.C. la inhumación de los muertos se masifica y en los sarcófagos aparecen relieves. Los orígenes de los retratos son mayormente etruscos, una civilización que ya manifestaba interés por el realismo en ese culto a los muertos. Los romanos lo heredaron y realizaron mascarillas de cera de sus antepasados, buscando un parecido físico y psicológico.

Sarcófago de los esposos de la necrópolis etrusca de Cerveteri, h. 510 a.C.

Reconstrucción del Ara Pacis.

Relieve de la época del imperio que muestra un núcleo familiar (Museo de la Civilización Romana).

El mosaico en Roma es un arte muy depurado y practicado. Se usaba para decorar interiores, sobre todo suelos.

La pintura toma importancia a partir del s. III a.C. y se realiza, mayoritariamente, para decoraciones interiores de palacios, templos y casas. Normalmente se pintaba al fresco. Además, dado que el retrato cobra mucha importancia también en la pintura, las casas contarán en sus paredes con estos hermosos recuerdos de lo que fueron los rostros del poder de un pueblo.

Estatua de Augusto.

Flora (o Primavera).
Fresco.

BIZANCIO

VUELTA A LA CONCEPTUALIDAD

Tras la crisis que acecha en el siglo III d.C. al Imperio Romano, las diferencias entre Oriente y Occidente se hacen patentes, evidenciando la superioridad de Oriente. En el año 330 Constantino el Grande hace de Bizancio la capital del Imperio Oriental.

En la arquitectura hay que resaltar el uso de las pechinas, que llevan a la cúpula a su máximo esplendor. El mosaico cubre paredes y bóvedas, como signo distintivo de esta época. Los colores son brillantes y dan lugar a una gran luminosidad, símbolo y reflejo de lo sobrenatural, al igual que lo es la rigidez de las figuras. La decoración de los templos es espectacular, como se aprecia en los capiteles de mármol de San Vital de Rávena.

En la pintura predominan los iconos (imágenes religiosas sobre tabla), excepto en los s.VIII-IX, cuando se sucede una época iconoclasta (empleo únicamente de símbolos no figurativos referidos al emperador). Superada esta fase la importancia de la pintura se retoma hasta el progresivo decaimiento de este fastuoso imperio.

Detalle del mosaico que representa a la emperatriz Teodora.

Capitel y detalle del ábside de San Vital. S. VI.

MAXIMIANVS

ROMÁNICO

LA EXPANSIÓN DE LA FE

El arte de la Alta Edad Media es un arte continental, de terror del milenio, de feudalismo, peregrinaciones, guerras, pero también de paz espiritual al concebir la muerte como tránsito entre una vida terrena y otra eterna.

Se constituyen dos tipos de espacios religiosos: el monasterio y el templo. Algunos elementos determinantes son las bóvedas de cañón, los arcos formeros y la creación de una galería alta que actúa como descarga del peso de la nave central (triforio). El uso del pilar y el arco de medio punto, así como los muros de sillería son otros elementos arquitectónicos característicos.

El románico se extiende por toda Europa. En Francia se dan diferencias regionales entre las zonas de Borgoña, Normandía, Poitiers, Perigueux y la Provenza. En Italia hay más igualdad en el territorio, pero su románico tiene características propias (por ejemplo, se separa el baptisterio del campanario). En España se encuentran características particulares, dada la variedad de influencias (visigótico, árabe y camino de

El Campo de los Milagros, en Pisa, con la catedral, la torre y el baptisterio.

El claustro de Monreale. S. XII (Palermo).

Santiago), que llevan a diferencias artísticas entre Cataluña (influencia italiana) y Castilla y León (influencia francesa).

La escultura presenta también unos estilos determinados en función de la región en la que se encuentre. Lo mismo sucede con la pintura, pero de manera general ambas cumplen una función casi pedagógica, son «biblias pétreas» o ilustradas, en las que prima el concepto que la imagen pretende expresar. En ese concepto están implícitos colores (planos, vivos y brillantes) y formas (grandes, bien delimitadas e incluso desproporcionadas).

Evangeliario del arzobispo Ariberto (1018-1045), señor de Monza (Tesoro del Duomo, Milán).

Detalle del altorrelieve del Pontile, en el que aparece La última cena (Catedral de Módena, Italia).

Mes de septiembre, escultura del ciclo de los meses, del baptisterio de Parma (Italia).

GÓTICO

LA ELEVACIÓN HACIA LA LUZ

El gótico comienza a surgir a finales del s. XII, bajo una evolución del pensamiento teológico y filosófico, en la que prima lo sensorial y la naturaleza como obra maravillosa de Dios. El arte de esta Baja Edad Media consigue que todo gire alrededor de la idea de espiritualidad, pureza y divinidad a través de obras de extraordinaria ingeniería, de expresivo lenguaje, sensación de verticalidad y altura celestial. Sus formas, especialmente las escultóricas, están marcadas por un profundo naturalismo.

Hay que destacar los nuevos elementos sustentados, como el arco apuntado y la bóveda ojival. Se produce una evolución del contrafuerte hacia el arbotante. Surgen nuevos elementos decorativos, como el pináculo y las vidrieras. El pilar continúa manteniendo su función y en el s. XIII se adosan a él multiples columnas.

La escultura, de temática religiosa, no se ve condicionada por el espacio arquitectónico en el que se sitúa, sino que aparece exenta. Pero la que tiene más profusión es la dedicada a los tímpanos de los grandes pórticos.

La pintura se realiza sobre tabla y tapices. Gana en detallismo y brillantez, gracias al uso del temple. En Italia nacen una serie de escuelas pictóricas muy relevantes: la escuela florentina, cuyo máximo exponente es Giotto, y la de Siena, con Simone Martini.

Fachada del Sarmental. Catedral de Burgos.

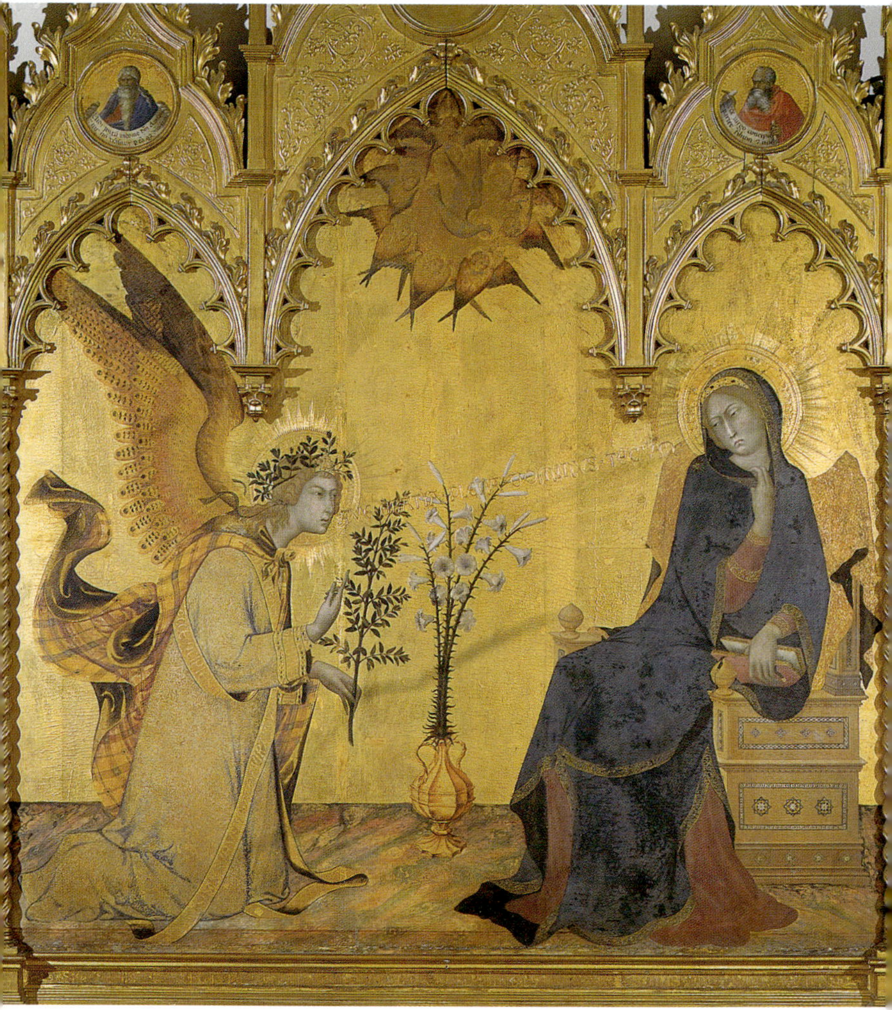

La Anunciación, Simone Martini. Temple sobre tabla con fondo dorado (Galleria degli Uffizi, Florencia).

La Anunciación (detalle), Giotto. Fresco (Capilla de los Scrovegni, Padua).

EL BOSCO

Hieronymus van Aken, pintor holandés conocido por el nombre de «el Bosco», nació probablemente en 1450 en la ciudad de Hertogenbosch, de la que tomó su nombre.

El Bosco vivió en un momento de envidiable apogeo económico y artístico. El pintor refleja en su obra su propio contexto histórico de resquebrajamiento de la fe, la consecuente y extrema afluencia de actos penitenciales para la condonación de los pecados, la venta de indulgencias y la conversión de peregrinaciones y reuniones litúrgicas en orgías.

Su obra se vio enormemente influida por los grabados existentes en el *Ars Moriendi* (obra muy difundida en el norte de Europa a finales del s. XV y principios del XVI), por todo cuanto encontró en *La leyenda dorada* (de Jacques de Voragine), o en las *Meditaciones sobre la vida de Jesucristo*, atribuidas a San Buenaventura.

El Bosco tenía una absoluta preferencia por abordar sus temas desde los más diversos símbolos que ponían en relieve los males que acechan y aquejan a la sociedad crédula y conformista de todos los tiempos.

HIERONYMUS BOSCH (detalle)
1572, reproducido en *Pictorum aliquot celebrium Germaniae inferioris effigies*, de D. Lampsonius.

LA CURA DE LA DEMENCIA
h. 1480, óleo sobre tabla,
48 x 35 cm
Madrid: Museo del Prado

981.
317

EL CHARLATÁN
h. 1480, óleo sobre tabla,
53 x 65 cm
Saint-Germain-en Laye:
Musée Municipal

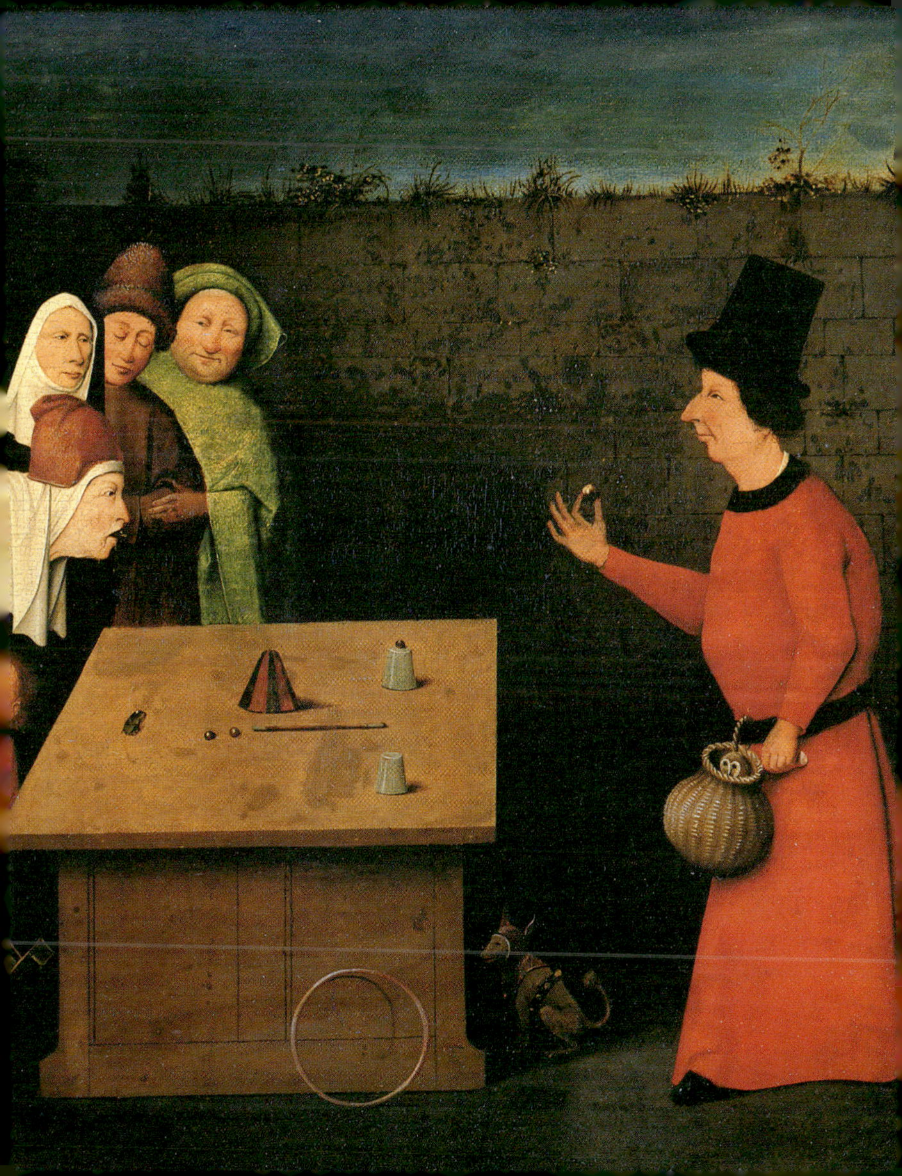

LA NAVE DE LOS LOCOS
(detalle)
1500-1502, óleo sobre tabla,
57,8 x 32,5 cm
París: Museo del Louvre

EL CARRO DE HENO
1500-1502, óleo
sobre tabla,
135 x 45 cm; 135 x
100 cm; 135 x 45 cm
Madrid:
Museo del Prado

Jheronimus bosch

JARDÍN DE LAS DELICIAS
1503-1504, óleo sobre tabla,
220 x 97 cm; 220 x 389 cm; 220 x 97 cm
Madrid: Museo del Prado

LAS TENTACIONES DE SAN ANTONIO: SUBIDA AL CALVARIO
1505-1506, postigo derecho, grisalla sobre tabla, 131,5 x 53 cm
Lisboa: Museu Nacional de Arte Antiga

LAS TENTACIONES DE SAN ANTONIO
h. 1510, óleo sobre tabla, 70 x 51 cm
Madrid: Museo del Prado

JESÚS LLEVANDO LA CRUZ
1515-1516, óleo sobre tabla,
76,7 x 83,5 cm
Gante: Musée des Beaux-Arts

Sandro Botticelli (1444-1510) mostró desde niño grandes aptitudes para todo tipo de estudios, se dedicó a la orfebrería y más tarde decidió tomar partido por la pintura. En ese primer campo desarrolló una gran habilidad para el diseño y las formas decorativas, lo que trasladó claramente a la pintura. Su delicada salud de niño marcó en su obra cierta melancolía y languidez.

Finalmente entró en el taller de Fra Filippo Lippi (1406-1469), pintor relevante en la Florencia de la época. Allí permaneció unos cinco años y aprendió las mejores técnicas y habilidades pictóricas, heredando cierto estilo de formas y contornos armoniosos. Botticelli vio ante sí la posibilidad de tener un taller independiente hacia 1470, lo cual demuestra su gran valía. En este tiempo sus figuras se conformaban de manera escultórica y bebían de grandes maestros como Verrocchio o los hermanos Pollaiolo.

En los años sucesivos creó su propio estilo de sinuosas líneas y belleza armónica en su estado más puro.

VIRGEN DEL LIBRO (detalle)
h. 1480, temple sobre tabla,
58 x 39,5 cm
Milán: Museo Poldi Pezzoli

VIRGEN DEL MAGNIFICAT
h. 1480-1481, temple sobre
tabla, 118 cm de diámetro
Florencia: Galleria degli Uffizi

Adoración de los Magos
h. 1466-1468, temple sobre tabla,
50 x 136 cm
Londres: National Gallery
*Fragmento

Las tentaciones de Moisés
1481-1482, pintura al fresco,
348,5 x 558 cm
Roma: Capilla Sixtina del Palacio del Vaticano

LA PRIMAVERA. h. 1482, temple sobre tabla, 203 x 314 cm.

Florencia: Galleria degli Uffizi. *Fragmento

EL NACIMIENTO DE VENUS
h. 1485, temple sobre lienzo, 172,5 x 278,5 cm
Florencia: Galleria degli Uffizi

*Fragmento

ANUNCIACIÓN
(ANUNCIACIÓN DE CESTELLO)
1489-1490, temple sobre tabla, 150 x 156 cm
Florencia: Galleria degli Uffizi

LEONARDO

Nacido en Vinci en 1452, su infancia transcurre en un ambiente rural de una familia acomodada. Dada la gran avidez y precocidad del joven Leonardo en el campo de las artes, su padre no dudó en llevarle al taller del mejor pintor, orfebre y escultor de aquel tiempo en Florencia: Verrocchio. Allí empezará a desarrollar increíblemente sus dotes como pintor y también como científico.

Desde sus primeros trabajos supera a su maestro y el espíritu de la época. Un ejemplo claro de ello lo constituye la cabeza de ángel que él realiza en el *Bautismo de Cristo*, de Verrocchio (1470). Su profundidad cromática, el *sfumato* o difuminado y el juego de luces y sombras destacan sobre el resto de la obra.

Su pintura no cesa en su crecimiento y esplendor. Sus estudios son también científicos y recorren campos muy variados, como la anatomía (estudios de órganos humanos y animales, de huesos y musculaturas). También desarrolló muchos estudios arquitectónicos y proyectos relacionados con máquinas de diferentes usos (máquinas para volar, máquinas militares, etc.), así como paisajes y rostros místicos y meditativos bañados por la continuidad y eternidad del tiempo.

Las proporciones del cuerpo humano según Vitruvio
h. 1490, punta metálica, pluma y tinta, toques de acuarela sobre papel blanco, 34,4 x 24,5 cm
Venecia: Gallerie dell'Accademia

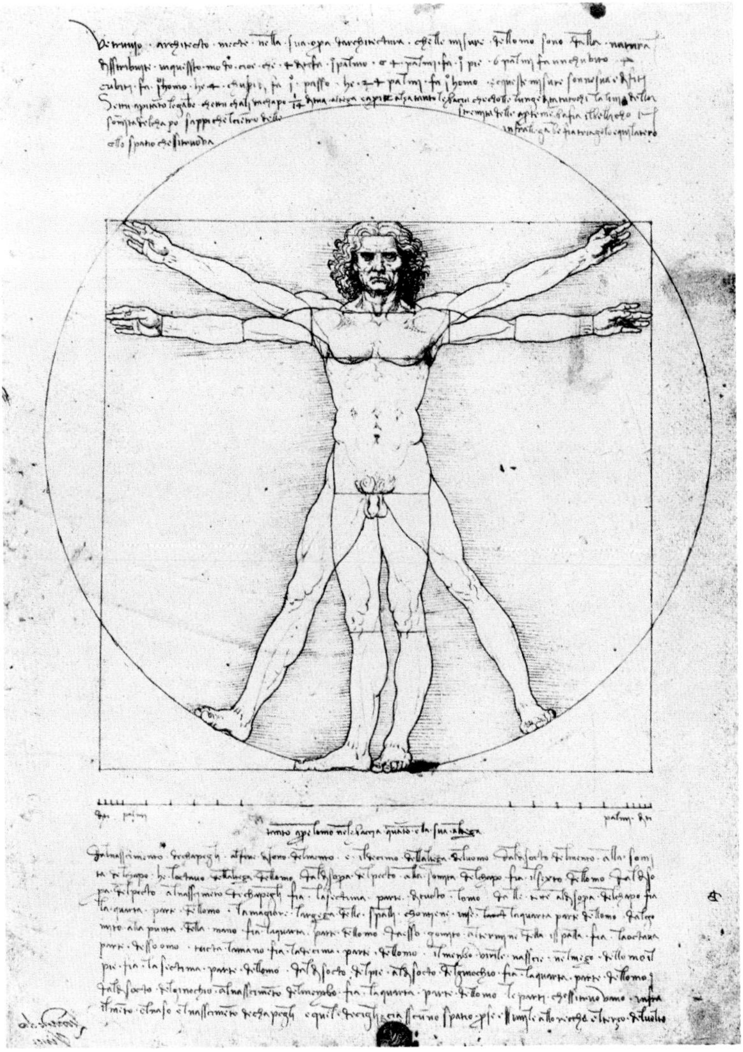

ANUNCIACIÓN
1472-1475, óleo sobre tabla,
98 x 217 cm
Florencia: Galleria degli Uffizi
*Fragmento

ADORACIÓN DE LOS MAGOS
1481-1482, esbozo en amarillejo y bistre sobre tabla, 243 x 246 cm
Florencia: Galleria degli Uffizi
*Fragmento

MADONNA DREYFUS
1472-1476, óleo sobre tabla, 15,5 x 12,7 cm
Washington: National Gallery of Art

DAMA DEL ARMIÑO
1485-1490, óleo sobre tabla, 54 x 39 cm
Cracovia: Czartorysky Muzeum

RETRATO DE DAMA (LA BELLE FERRONNIÈRE), detalle
1490-1495, óleo sobre tabla, 62 x 44 cm
París: Museo del Louvre

LA BELE FERONIERE

ÚLTIMA CENA
1495-1498, temple sobre pared, 460 x 880 cm
Milán: Refectorio de la iglesia de Santa Maria delle Grazie

GIOCONDA
1503-1505, óleo sobre tabla, 77 x 53 cm
París: Museo del Louvre

EL MÚSICO (¿FRANCHINO GAFFURIO?)
h. 1490, óleo sobre tabla, 44,7 x 32 cm
Milán: Pinacoteca Ambrosiana

VIRGEN DE LAS ROCAS
1503-1508, óleo sobre tabla,
189,5 x 120 cm
Londres: National Gallery

VIRGEN DE LAS ROCAS
(detalle)

MIGUEL ÁNGEL

Nació el 6 de marzo de 1475 en Caprese, cerca de Arezzo. Desde su más pronta formación demostró sus grandes habilidades manuales y artísticas, y es por eso que ingresó en el taller de los hermanos Ghirlandaio. Además Miguel Ángel entró en contacto con la escultura clásica, destacando por sus numerosas copias y pronto obras originales de gran importancia, como la *Virgen de la Escalera* (1489-1492), la *Piedad* (1498-1499) para la Basílica de San Pedro del Vaticano y el *David* (1501-1504).

Desde los comienzos de su carrera artística realizó algunos viajes a Roma, para luego volver a su Florencia natal y continuar trabajando. Para entonces sus composiciones poseen varias líneas de proyección, el número de figuras crece y la expresividad de las mismas se hace mayor, invocando cierto misterio; los colores se suavizan y generan una mayor uniformidad tonal.

Miguel Ángel demuestra que el arte se realiza a expensas de cualquier pretensión, porque ya está en la propia materia, que es naturaleza. Sólo cabe desvelarla para hacer surgir de ella su belleza escondida. Ésta se desarrolla con el infinito trabajo al que se ve sometido el artista para así alcanzar esa gloria a la que él mismo llegó.

TONDO PITTI
h. 1503, mármol, 85,5 x 82 cm. Florencia: Museo Nacional Bargello

Tondo Doni
h. 1504-1506, óleo sobre tabla,
120 cm de diámetro
Florencia: Galleria degli Uffizi

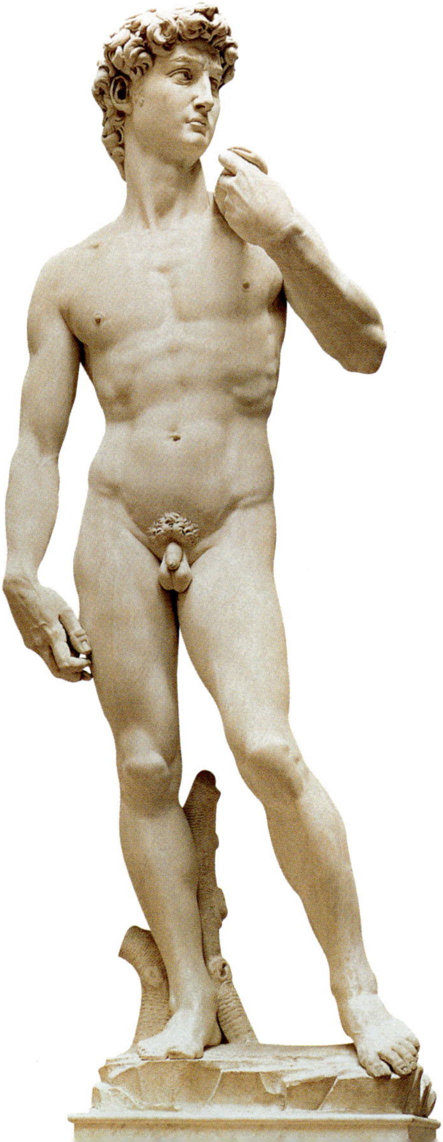

DAVID
h. 1501-1504, mármol,
410 cm de altura
Florencia:
Gallerie dell'Academia

PIETÀ
h. 1498-1499, mármol,
174 cm de altura, 195 cm de base,
69 cm de profundidad
Vaticano:
Basílica de San Pedro

Creación de Adán
h. 1510, fresco, 280 x 570 cm
Detalle de la Capilla Sixtina

Capilla Sixtina
(bóveda antes de la restauración)
Vaticano

PROFETA ZACARÍAS
h. 1509, fresco, 360 x 390 cm
Detalle de la Capilla Sixtina

SIBILA CUMANA
h. 1510, fresco, 375 x 380 cm
Detalle de la Capilla Sixtina

ESCLAVO MORIBUNDO
h. 1513, mármol,
229 cm de altura
París: Museo del Louvre

Moisés
h. 1515, mármol,
235 cm de altura
Roma: Basílica de San
Pietro ad Vincula

Aurora
h. 1524-1527, mármol,
206 cm de longitud
Detalle de la Tumba de
Lorenzo de Médici
(Florencia)

*Fragmento

JUICIO FINAL
(detalle)

JUICIO FINAL
1537-1541, fresco, 13,70 x 12,20 m
Vaticano: Capilla Sixtina

*Fragmento

IONAS

RAFAEL

Rafael Sanzio nació en Urbino en 1483. Allí tuvo oportunidad de conocer la obra de Paolo Uccello, Luca Signorelli y otros. A los diecisiete años fue a Perugia, como aprendiz de Perugino. En un principio se mantuvo fiel al estilo de su maestro, pero pronto evolucionó para ir introduciendo las experiencias de otros grandes artistas. En este proceso de cambio colaboró su establecimiento en Florencia en 1504, donde estaban ya Leonardo y Miguel Ángel. De Leonardo, concretamente, heredó algunos detalles de su atmósfera y composición, y de Miguel Ángel el monumentalismo de sus figuras, haciendo de todo aquello algo propio e irrepetible.

Rafael fue el pintor del clasicismo renacentista por excelencia: «el clásico» de la sencillez y grandiosidad de la pintura. La fuerza de sus figuras se veía contrastada por un ambiente de delicada dulzura y armonía que impregnaba sus pinturas.

MADONA DE LA SILLA (detalle)
1512-1514, óleo sobre tabla,
71 cm de diámetro
Florencia: Palazzo Pitti

AUTORRETRATO
1506, óleo sobre tabla, 47 x 35 cm
Florencia: Galleria degli Uffizi

DESPOSORIOS DE LA VIRGEN
1504, óleo sobre tabla, 170 x 117 cm
Milán: Pinacoteca Brera

LAS TRES GRACIAS
1504-1505, óleo sobre tabla,
17 x 17 cm
Chantilly: Musée Condé

ESCUELA DE ATENAS
1509-1510,
fresco sobre pared,
770 cm en la base
Roma, Vaticano:
Estancia de la Signatura

VIRGEN SIXTINA (detalles)
1513-1514, óleo sobre lienzo, 265 x 196 cm
Dresde: Gemäldegalerie

EL TRIUNFO DE GALATEA
1511, fresco sobre pared, 295 x 225 cm
Roma: Villa Farnesina

SAGRADA FAMILIA CANIGIANI
1507, óleo sobre tabla, 131 x 107 cm
Múnich: Alte Pinakothek
*Fragmento

RETRATO DE CARDENAL
1510-1511, óleo sobre tabla, 79 x 61 cm
Madrid: Museo del Prado

BALDASSARE CASTIGLIONE
1514-1515, óleo sobre lienzo, 82 x 67 cm
París: Museo del Louvre

LA TRANSFIGURACIÓN
1518-1520, óleo sobre tabla, 405 x 278 cm
Roma: Pinacoteca Vaticana

DURERO

Alberto Durero nació en 1471 en Nuremberg. Su padre era orfebre y pronto entraría como aprendiz en su taller. Esto convertiría al artista en un maestro del buril y como consecuencia en un perfecto grabador. Gracias a su padre conoció también la pintura de los Países Bajos, que le influyó enormemente. Así, a la edad de trece años realizó su primer autorretrato, de impresionante calidad. Más adelante Durero aprendió las más variadas técnicas artísticas y dibujísticas a partir del óleo o la acuarela. En este tiempo de juventud realizó algunos viajes, los principales y más fructíferos a Italia. Estos viajes colaboraron en su aprendizaje de la representación del espacio, el color, la perspectiva y las proporciones anatómicas del cuerpo humano. Entró en contacto con pintores como Mantegna o Bellini, que influyeron en sus obras, y ahondó en el estudio del arte clásico, arrastrado por los principios renacentistas.

Sus obras muestran el dominio de la técnica contrastada con la sublimación del espíritu del artista plástico más destacable de la pintura alemana.

AUTORRETRATO A LA EDAD DE TRECE AÑOS (detalle) 1484, dibujo a la punta de plata, 27,5 x 19,6 cm Viena: Graphische Sammlung Albertina

AUTORRETRATO CON GUANTES 1498, óleo sobre tabla, 52 x 41 cm Madrid: Museo del Prado

LA ADORACIÓN DE LOS REYES MAGOS
1504, óleo sobre tabla, 100 x 114 cm
Florencia: Galleria degli Uffizi

LA ADORACIÓN DE LOS REYES MAGOS
(detalle)

Adán y Eva
1507, óleo sobre tabla,
209 x 81 cm cada uno
Madrid: Museo del Prado

ALA DE PÁJARO
1512, acuarela y aguada sobre pergamino,
19,7 x 20 cm
Viena: Graphische Sammlung Albertina

LA LIEBRE
1502, acuarela y aguada,
21,5 x 22,6 cm
Viena: Graphische Sammlung Albertina

1502
AD

MELANCOLÍA I
1514, calcografía, 24 x 18,8 cm
París: Bibliothèque Nationale

MELANCOLÍA I
(detalle)

MELENCOLIA I
16 3 2 13
5 10 11 8
9 6 7 12
4 15 14 1

SAN JERÓNIMO
1521, óleo sobre tabla, 60 x 48 cm
Lisboa: Museu Nacional de Arte Antiga
*Fragmento

RETRATO DE DESCONOCIDO
1524, óleo sobre tabla, 50 x 36 cm
Madrid: Museo del Prado

TIZIANO

Se cree que Tiziano nació en torno a 1490. Su muerte fue en 1576, es decir, tuvo oportunidad de pasar por varias fases a lo largo de su pintura y producirse en él una gran maduración de cada estilo, pues vivió casi cien años.

A la temprana edad de diez años ingresó como aprendiz en el taller de Bellini. Pronto superaría a alumnos y maestros, pues en él se manifestaba un talento especial y una gran persistencia en el trabajo. Tiziano contribuyó en el crecimiento del interés, ya patente en Venecia, por la luz y el color. Con Giorgione, otro de sus maestros y gran pintor, cultivó la suavidad de las transiciones y un cierto toque de misterio, que desaparecería después de su primera etapa (1500-1518). En sus obras más importantes se contempla una constante evolución y búsqueda.

El retrato era un género muy cultivado en la Italia de estos tiempos, así que Tiziano hizo lo propio: se basaba en la figura en sí misma, en su postura, y en la intemporalidad que ésta emanaba. Un ejemplo clarificante son los retratos que realizó como pintor de la corte española.

Hacia el final de su vida los ocres y las tonalidades azul-grisáceas primaron sobre el resto y desbancaron a la forma al fundirse la luz y la sombra.

AUTORRETRATO
h. 1560, óleo sobre lienzo, 96 x 75 cm
Berlín: Staatliche Gemaldegalerie Museen

ASUNCIÓN DE LA VIRGEN
1516-1518, óleo sobre tabla,
690 x 360 cm
Venecia: Iglesia de Santa Maria
Gloriosa dei Frari
*Fragmento

JOVEN ANTE EL ESPEJO
1512-1515, óleo sobre lienzo,
96 x 76 cm
París: Museo del Louvre

VENUS DE URBINO
1538, óleo sobre lienzo,
119 x 165 cm
Florencia:
Galleria degli Uffizi

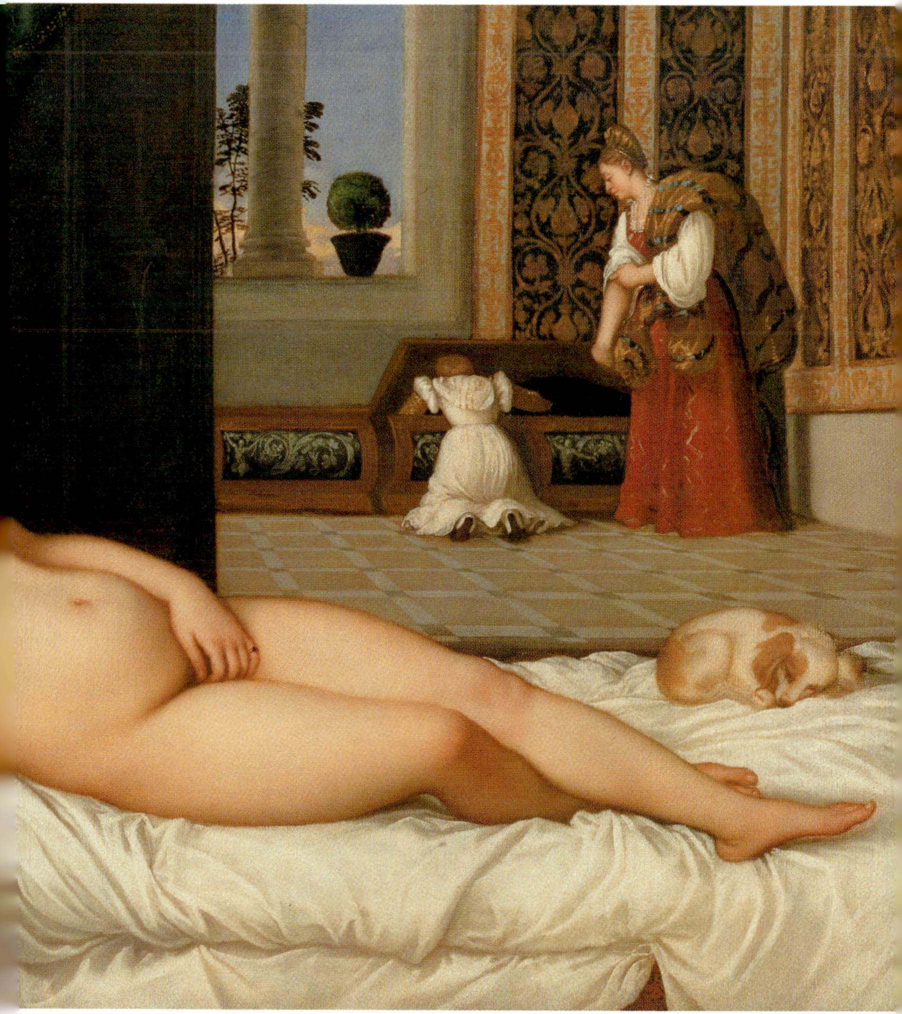

PABLO III Y SUS NIETOS ALEJANDRO Y OCTAVIO FARNESE
1545-1546, óleo sobre lienzo,
210 x 174 cm
Nápoles: Gallerie Nazionali
di Capodimonte

PABLO III Y SUS NIETOS ALEJANDRO
Y OCTAVIO FARNESE
(detalle)

VENUS Y ADONIS
1553-1554, óleo sobre lienzo,
186 x 207 cm
Madrid: Museo del Prado
*Fragmento

SAN SEBASTIÁN
1570, óleo sobre lienzo, 212 x 116 cm
San Petersburgo:
Museo del Ermitage

RETRATO DEL EMPERADOR A CABALLO
1548, óleo sobre lienzo, 332 x 279 cm
Madrid: Museo del Prado

TINTORETTO

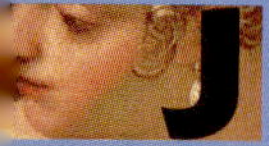

Jacopo Robusti nació en Venecia (1518-1594); su apodo le viene dado por su padre, que era tintorero. No salió jamás de su ciudad natal, por lo que sus influencias más directas estaban en pintores como Bonifazio de Pitati, Andrea Schiavone o Parmigianino. No se conoce mucho sobre su educación artística, pero debió de ser temprana, ya que a los 21 años era maestro pintor.

Tintoretto sacrificó las gradaciones de colores luminosos de Tiziano para conseguir una alternancia de luces y sombras que derivara progresivamente en sutilezas tonales. El manierismo toma protagonismo en él con el desarrollo de composiciones anticlásicas para lograr efectismos extremos. Así, la diagonal que va de un ángulo a otro dominará el espacio, generando fuertes tensiones.

Su obra es muy numerosa, tanto la pública como la privada, de temática religiosa, mitológica o retratos. Con él se anuncia el gran efectismo del manierismo que derivará en el barroco, pero el reconocimiento en su época no fue el merecido. Es en la modernidad cuando se le ha descubierto como un importante maestro del color, la luz y las formas desafiantes.

JUDIT Y HOLOFERNES (detalle)
1577-1578, óleo sobre lienzo,
188 x 251 cm
Madrid: Museo del Prado

AUTORRETRATO
1546-1548, óleo sobre tabla,
45 x 38 cm
Colección particular

El lavatorio
1547-1548, óleo sobre lienzo,
210 x 533 cm
Madrid: Museo del Prado

SUSANA EN EL BAÑO
1555-1556,
óleo sobre lienzo,
146,6 x 193,6 cm
Viena:
Kunsthistorisches
Museum

LA ÚLTIMA CENA
1592-1594,
óleo sobre lienzo,
365 x 568 cm
Venecia: Presbiterio
de la iglesia de
San Giorgio Maggiore
*Fragmento

EL GRECO

Doménikos Theotokópoulos nació en 1541 en Creta y permaneció allí como maestro hasta los veintiséis años. El influjo de los iconos bizantinos dejó huella en toda su pintura, marcando un personal estilo. Más tarde se trasladó a Venecia donde recibió la influencia de Tiziano, Tintoretto y Veronese. Ésta fue decisiva ya que la luz y el color son las principales armas de la pintura veneciana y como tales comenzaría a adoptarlas. En esta época veneciana mostró un gran dominio de la perspectiva y el dibujo arquitectónico.
Tras unos años en Roma, se estableció en Toledo, España. En esta época de reciente Contrarreforma, los temas religiosos de mayor preferencia eran los marianos o asuntos evangélicos, los de martirio y penitencia, que ponían en relieve el poder de la Iglesia católica. Además, el Greco realizó muchos retratos y cuadros de otros temas empapados de una espiritualidad exacerbada por las formas alargadas y desdibujadas, de pinceladas cada vez más sueltas y tonos azulados.
El Greco dejó una profunda impronta en el manierismo español, constituyéndose como un representante de categoría mística, máxima; presente y ausente.

CABALLERO DE LA MANO EN EL PECHO
1578-1580, óleo sobre lienzo, 81 x 66 cm
Madrid: Museo del Prado

1136.

EXPULSIÓN DE LOS MERCADERES DEL TEMPLO
1570-1572, temple sobre tabla, 65 x 83 cm
Washington: National Gallery

Martirio de San Mauricio
1580-1582, óleo sobre lienzo,
448 x 301 cm
El Escorial: Monasterio

Martirio de San Mauricio
(detalle)

RETRATO DEL CARDENAL NIÑO DE GUEVARA
1596-1600, óleo sobre lienzo, 171 x 108 cm
Nueva York: Metropolitan Museum

RETRATO DE UN CABALLERO ANCIANO
1585-1590, óleo sobre lienzo, 44 x 42 cm
Madrid: Museo del Prado

Entierro del Conde de Orgaz
1586-1588, óleo sobre lienzo,
460 x 360 cm
Toledo: Iglesia de Santo Tomé

Entierro del Conde de Orgaz
(detalle)

LAOCOONTE
1610-1614, óleo sobre lienzo,
142 x 193 cm
Washington: National Gallery

CARAVAGGIO

Michelangelo Merisi nació en Caravaggio, cerca de Bérgamo, Italia, en octubre de 1571 y de ahí tomó su nombre. Entró como aprendiz al taller del pintor manierista Simone Peterzano. Aprendió las más variadas técnicas, pero Caravaggio mantuvo siempre un especial interés por pintores como Savoldo, Lorenzo Lotto y la pintura veneciana. Según los postulados del momento, eran fundamentales el decoro en las figuras y tomar como modelo la estatuaria antigua, pero él prefería el ejemplo de la naturaleza en todo su esplendor.

Más tarde se fue a Roma, y trabajó en otros talleres entrando en contacto con otros jóvenes que repudiaban el manierismo y su manera de hacer, pero él seguía sin encontrar su camino hasta que un vendedor de cuadros le aconsejó que realizara obras sobre Crucifixiones o Martirios. Entonces Caravaggio cambió su rumbo y el éxito le siguió.

CESTA DE FRUTAS
1598-1599, óleo sobre lienzo,
31 x 47 cm
Milán: Pinacoteca Ambrosiana

SAN JUAN BAUTISTA
1599-1600, óleo sobre lienzo,
132 x 97 cm
Roma: Museos Capitolinos
*Fragmento

ÉXTASIS DE SAN FRANCISCO
h. 1595, óleo sobre lienzo,
92,5 x 127,8 cm
Hartford: Wadsworth Atheneum
*Fragmento

ÉXTASIS DE SAN FRANCISCO
h. 1595, óleo sobre lienzo,
92,5 x 127,8 cm
Hartford: Wadsworth Atheneum
*Fragmento

LA BUENAVENTURA
1595-1597, óleo sobre lienzo,
99 x 131 cm
París: Museo del Louvre

BACO
1596-1597, óleo sobre lienzo,
98 x 85 cm
Florencia: Galleria degli Uffizi

CENA EN EMAÚS
1596-1598, óleo sobre lienzo,
141 x 196 cm
Londres: National Gallery

CRUCIFIXIÓN DE SAN PEDRO
1600-1601, óleo sobre lienzo,
230 x 175 cm
Roma: Iglesia de Santa Maria del Popolo,
Capilla Cerasi

Virgen de la Serpiente o Virgen de los Palafreneros
h. 1605, óleo sobre lienzo, 292 x 211 cm
Roma: Galleria Borghese

Retrato del Gran Maestre Alof
de Wignacourt
h. 1608, óleo sobre lienzo, 195 x 134 cm
París: Museo del Louvre

VELÁZQUEZ

Fue bautizado el 6 de junio de 1599 en la parroquia de San Pedro de Sevilla y allí se crió. A la edad de doce años entró en el taller de Francisco Pacheco, que no sólo le proporcionó una educación pictórica y puramente artística, sino que también le acercó a las letras, cuya unión con las artes se entendía como una realidad viva. Entró en la corporación de pintores de San Lucas, con lo que tuvo la posibilidad de poner un taller.

En 1623 decidió instalarse en Madrid. Allí se afirmó como pintor real, pero las ansias por seguir ascendiendo socialmente continuaron hasta que consiguió pertenecer a la Orden de Santiago, una de las más prestigiosas de España. En este periodo, más de la mitad de su obra fueron retratos del rey Felipe IV. Todos ellos bajo un mismo esquema del monarca vestido de negro y en los que se atenuaban sus exagerados rasgos.

En 1628 conoció a Rubens, lo que le proporcionó a Velázquez puntos de novedad positivos en su obra y sobre todo nuevas motivaciones en la pintura, como un entendimiento más alegórico de la pintura, que comenzó a brillar en sus obras.

A partir de su nombramiento como aposentador mayor de palacio continuó su alzamiento en la corte. Cada instante su obra se hace más grande y hermosa, intrigante y exitosa.

AUTORRETRATO
Después de 1640, óleo sobre lienzo, 45,5 x 38 cm
Valencia: Museo de Bellas Artes

28.

VIEJA FRIENDO HUEVOS
1618, óleo sobre lienzo, 99 x 117 cm
Edimburgo: National Gallery of Scotland
*Fragmento

LA VENERABLE MADRE JERÓNIMA DE LA FUENTE
1620, óleo sobre lienzo, 160 x 110 cm
Madrid: Museo del Prado
*Fragmento

es verdadero
a Jeronima de la fuete
to de Sancta ysabel de
adora y primera Ab
a dela Concepcion
de Manila en filipin
d de 66 años marte
o años, salieron de
a madre Ana de
de sanct francisco
uana de sanct Antonio
mucha importancia
Relixiosa del
los Reyes de
badesa del Conuento d
dela primera regla de la
nas, salio aesta fundacion
veinte y ocho de Abril
este conuento en su com
Christo y la madre
noticia. Toda perso
Para tan alta obra

LOS BORRACHOS
1628-1629, óleo sobre lienzo,
165 x 227 cm
Madrid: Museo del Prado

La fragua de Vulcano
1630, óleo sobre lienzo,
223 x 290 cm
Madrid: Museo del Prado

LAS LANZAS
o LA RENDICIÓN DE BREDA
1634-1635, óleo sobre lienzo,
307 x 370 cm
Madrid: Museo del Prado
*Fragmento

DON SEBASTIÁN DE MORRA
1640-1650, óleo sobre lienzo,
107 x 82 cm
Madrid: Museo del Prado

EL PAPA INOCENCIO X
1650, óleo sobre lienzo, 140 x 120 cm
Roma: Galería Doria-Pamphili
*Fragmento

LAS MENINAS
O LA FAMILIA DE FELIPE IV
1656, óleo sobre lienzo,
318 x 276 cm
Madrid: Museo del Prado
*Fragmento

FELIPE IV
1652-1653, óleo sobre lienzo,
69 x 56 cm
Madrid: Museo del Prado

El 15 de julio de 1606, nació Rembrandt Harmensz van Rijn. Sus padres consiguieron que entrara en el taller de un pintor de Leiden, su lugar de origen. Luego decidieron mandarle a Ámsterdam para que formara parte del taller de Lastman, importante pintor manierista holandés. Gracias a éste comenzó a interesarse por la pintura histórica y por los temas religiosos, que con él comienzan a alcanzar gran profundidad. Más tarde creó un taller en el que en diez años dio trabajo a ciento cincuenta alumnos y colaboradores. La prosperidad del pintor se consumó con su casamiento con una mujer que provenía de una familia aristócrata, y se convirtió así en el pintor favorito de la clase dominante. Rembrandt desarrolló una primera fase en Ámsterdam completamente barroca y otra segunda más clásica, con cierta influencia del Renacimiento.

Su tratamiento de los diversos focos de luz genera profundidad y perspectivas diversas sobre el mismo suceso.

Éste es un pintor que retrata el momento vivido de forma explícita y novedosa a través de una incesante penetración psicológica de sus personajes y de constantes juegos de luz. Su afán de búsqueda le llevará a grandes hallazgos y planteamientos que todavía hoy resultan novedosos.

AUTORRETRATO
1629, óleo sobre tabla,
37,9 x 28,9 cm
La Haya: Mauritshuis

LA LECCIÓN DE ANATOMÍA
DEL DOCTOR TULP
1632, óleo sobre lienzo,
162,5 x 216,5 cm
La Haya: Mauritshuis

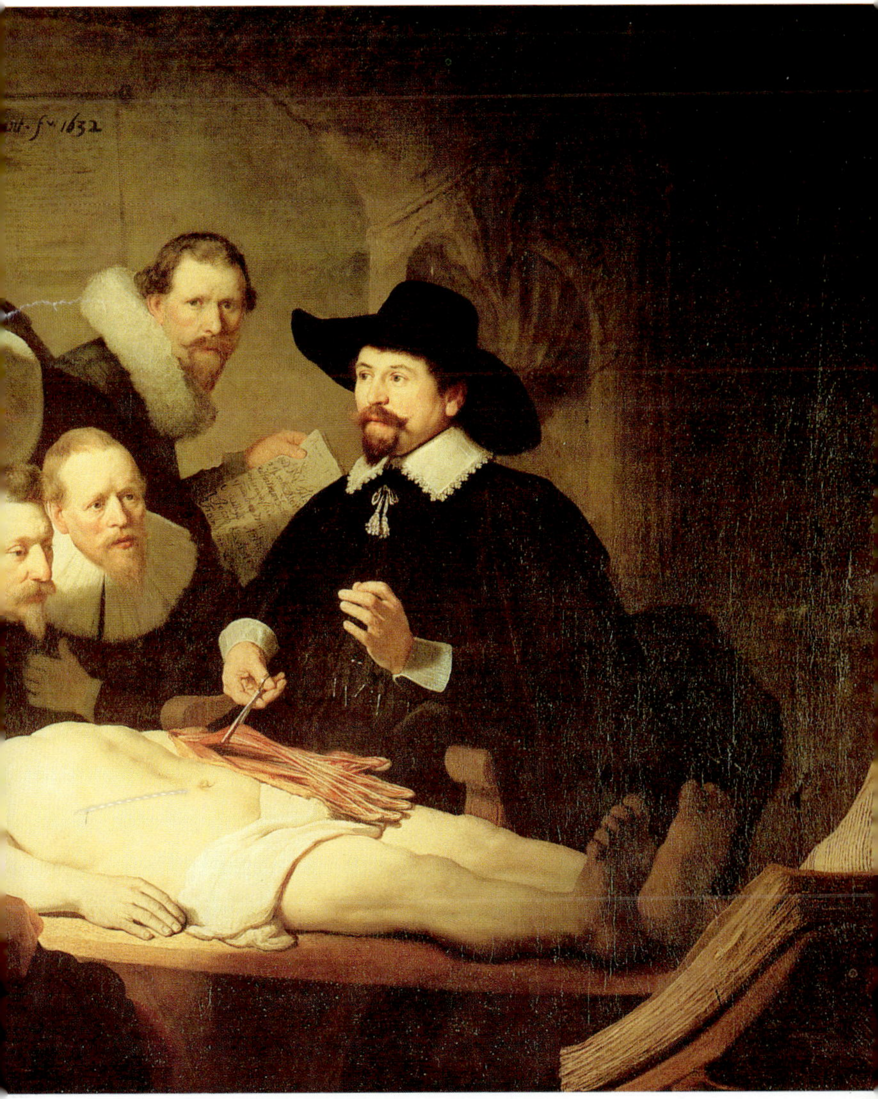

RETRATO DE UN HOMBRE CON GORRO DE PIEL
1630, óleo sobre tabla, 22,2 x 17,7 cm
Innsbruck: Tiroler Landeasmuseum Ferdinandeum

DESCENDIMIENTO DE LA CRUZ
1634, óleo sobre tabla, 93 x 68 cm
Múnich: Alte Pinakothek

AUTORRETRATO
1640, óleo sobre lienzo,
102 x 80 cm
Londres:
National Gallery

MUCHACHA EN UNA PUERTA ENTREABIERTA
1645, óleo sobre tabla, 100 x 84 cm
Chicago: Art Institute
*Fragmento

RONDA DE NOCHE
1642, óleo sobre tabla, 387 x 502 cm
Ámsterdam: Rijksmuseum
*Fragmento

LOS SÍNDICOS DE LOS PAÑEROS
1662, óleo sobre lienzo, 185 x 274 cm
Ámsterdam: Rijksmuseum

Rembrandt f. 1661

Pedro Pablo Rubens nació en Siegen, cerca de Colonia, en 1577. Tras recibir una intensa formación de Otto van Veen, aparece a los veintiún años registrado como maestro independiente. Marchó a Italia en 1600 donde el duque de Mantua le nombró pintor de corte. Allí desarrolló un estilo propio y entró también en contacto con grandes maestros del Renacimiento. Fue enviado a España en una misión oficial y sus repercusiones allí fueron enormes. También trabajó para Rodolfo II en Praga y al volver a Flandes en 1609 los gobernadores del rey de España, que entonces vivían en Bruselas, le nombraron pintor de corte. Ésta se establecería más tarde en Amberes. Gracias a la infanta Isabel pudo establecer contacto con otras dinastías de Europa y ascender socialmente, no sólo por su trabajo como artista, sino además por el hecho de casarse con Isabella Brant, ya que ella era hija de un importante aristócrata y secretario de Estado.

Rubens es considerado uno de los más grandes pintores flamencos. Su amplio conocimiento y desarrollo de las artes le permitió alcanzar esa posición y habilidad pictórica de la que gozó y hace gozar.

LA PRESENTACIÓN DEL RETRATO A ENRIQUE IV (detalle)
1622-1625, óleo sobre lienzo,
394 x 295 cm
París: Museo del Louvre

PEDRO PABLO RUBENS Y SU CÍRCULO DE AMIGOS (detalle)
h. 1600-1608, óleo sobre lienzo,
77,5 x 101 cm
Colonia: Wallraf-Richartz Museum

ADÁN Y EVA
h. 1598-1600, óleo sobre tabla,
180,5 x 133,5 cm
Amberes: Rubenshuis

SAN JORGE LUCHANDO
CON EL DRAGÓN
h. 1607, óleo sobre lienzo,
304 x 256 cm
Madrid: Museo del Prado

AUTORRETRATO CON ISABELLA BRANDT
h. 1609, óleo sobre lienzo, 178 x 136 cm
Múnich: Alte Pinakothek

AUTORRETRATO CON ISABELLA BRANDT
(detalle)

RAPTO DE LAS HIJAS DE LEUCIPO
h. 1618, óleo sobre lienzo,
224 x 210,5 cm
Múnich: Alte Pinakothek

LA PRESENTACIÓN DEL RETRATO A ENRIQUE IV
1622-1625, óleo sobre lienzo,
394 x 295 cm
París: Museo del Louvre
*Fragmento

La Vía Láctea
h. 1636-1638, óleo sobre lienzo,
181 x 244 cm
Madrid: Museo del Prado

Las tres Gracias
h. 1636-1638, óleo sobre tabla,
221 x 181 cm
Madrid: Museo del Prado

50.

Juicio de Paris
1638-1639, óleo sobre lienzo, 199 x 379 cm
Madrid: Museo del Prado

MURILLO

En Sevilla, en 1617, nació Bartolomé Esteban Murillo, en el seno de una familia acomodada. Estuvo tres años en el taller de Juan del Castillo, hasta que se estableció por cuenta propia teniendo importantes influencias de los pintores sevillanos y de los grandes de Italia y Flandes. En 1660 se creó la Academia de dibujo en la Casa de la Lonja de Sevilla de la que fue presidente, junto con Francisco de Herrera, durante cuatro años. En una primera etapa, su dibujo era muy preciso y los colores muy definidos. Poco a poco y debido a influencias venecianas su paleta se fue aclarando. La pintura se va empastando y la luz entra hasta generar claroscuros, como sucede en *La Virgen de Sevilla* (1660-1665).

Murillo, aun eclipsado durante mucho tiempo por la figura de Velázquez, fue un pintor de temas muy variados que dominó a la perfección y a los que aportó grandes novedades, incluso creó esquemas iconográficos propios que hoy perduran, como el de la Virgen Inmaculada.

EL BUEN PASTOR (detalle)
h. 1655-1660, óleo sobre lienzo,
123 x 101 cm
Madrid: Museo del Prado

AUTORRETRATO
h. 1670-1675, óleo sobre lienzo,
122 x 107 cm
Londres: National Gallery

Bart.me Murillo seipsum depin
gens pro filiorum votis acpreci
bus explendis

INMACULADA CONCEPCIÓN (DE LOS VENERABLES)
h. 1678, óleo sobre lienzo, 274 x 190 cm
Madrid: Museo del Prado

NIÑO MENDIGO (NIÑO ESPULGÁNDOSE)
h. 1645, óleo sobre lienzo, 137 x 115 cm
París: Museo del Louvre

Mujeres en la ventana
h. 1660, óleo sobre lienzo, 122 x 101 cm
Washington: National Gallery

La Sagrada Familia del Pajarito
h. 1650, óleo sobre lienzo, 144 x 188 cm
Madrid: Museo del Prado

GOYA

En Fuendetodos, el año de 1746 nació Goya. Se crió en Zaragoza y al cumplir los catorce años entró en el taller del que fue su primer maestro: José Luzán. En este taller conoció a Francisco Bayeu, quien sería su futuro maestro y cuñado. En 1759, artistas extranjeros de renombre, como Mengs, Sabatini o Tiépolo vinieron a España llamados por Carlos III, lo que supuso una influencia asegurada en nuestro pintor. En 1771, en Zaragoza, le encargaron la decoración de la bóveda del coreto de la basílica del Pilar. Al poco se casó con Josefa Bayeu. Mientras, Mengs, pintor de cámara del rey, volvía a Roma, lo cual supuso que Francisco Bayeu entrase en palacio y él se viera más cerca del puesto de pintor del rey.

Se integró en el equipo de pintores de los cartones para tapices para la manufactura de Santa Bárbara, lo que supuso el principio de un largo y genial camino por andar, correr y tropezar como pintor de cámara.

Hacia 1781, Goya comenzó una nueva etapa en la que se dedicó a los encargos de las más importantes personalidades de la Ilustración. En 1785 entró como docente en la Real Academia de Bellas Artes de San Fernando, despertando el interés del futuro rey, Carlos IV, que le hará su primer pintor de cámara.

Muere en 1828, a los 82 años de una vida de repercusiones fundamentales para el arte contemporáneo, que ya se inauguraba con él.

AUTORRETRATO
h. 1815, óleo sobre lienzo, 46 x 35 cm
Madrid: Museo del Prado

VISITACIÓN DE LA VIRGEN A SANTA ISABEL
1774, mural al fresco
Zaragoza: Iglesia de la Cartuja de Aula Dei

El quitasol
1777, óleo sobre lienzo, 104 x 152 cm
Madrid: Museo del Prado

DUQUESA DE ALBA
1795, óleo sobre lienzo, 194 x 130 cm
Madrid: Casa de Alba, Palacio de Liria

EL PELELE
1791-1792, óleo sobre lienzo, 267 x 160 cm
Madrid: Museo del Prado

La familia de Carlos IV
1800,
óleo sobre lienzo,
280 x 336 cm
Madrid: Museo
del Prado

MAJA DESNUDA
h. 1797-1800,
óleo sobre lienzo,
97 x 190 cm
Madrid:
Museo del Prado

EL TRES DE MAYO DE 1808
1814, óleo sobre lienzo,
268 x 347 cm
Madrid: Museo del Prado
*Fragmento

La romería de San Isidro
1820-1823, óleo sobre lienzo, 138,5 x 43,5 cm
Madrid: Museo del Prado

La romería de San Isidro (detalle)

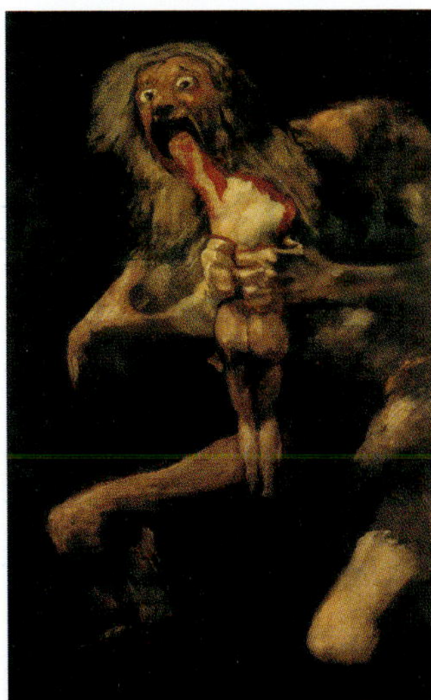

SATURNO (detalle)
1820-1823, óleo sobre lienzo,
143,5 x 81,5 cm
Madrid: Museo del Prado

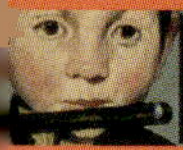

Nació en París en febrero de 1832 y creció bajo el yugo de la llamada pintura academicista, un tipo de arte con el que disentía por considerarlo sistematizado en códigos que restringían al artista. No se aceptaba el empleo de colores vivos y puros en la pintura, y se obligaba a expresar la luz unida indisolublemente a sombra. Recibió una mención especial en el Salón de 1961 por *Guitarrista español*, cuadro que le relacionaba con el realismo. Sus obras constituyeron un cambio y una sorpresa constante. Él quería manifestar una belleza real y presente. Utilizaba la pincelada disociada, los colores y las formas desdibujadas por la luz, lo que para sus contemporáneos señalaba una obra acabada.

Manet se erige como maestro de los jóvenes pintores. Va con Monet a Argenteuil, donde descubren la luz en su plenitud y él mismo les acerca a todos hacia la liberación de la pincelada. También él aprendía e investigaba el color y la forma como ordenación. No se concibe la verdadera influencia de Manet hasta que se descubren en su totalidad las obras de los pintores posteriores que se basaron en él, y son muchos, ya que supone la apertura de puertas hacia la modernidad.

FLORERO CON PEONÍAS SOBRE UN PEDESTAL
(detalle) 1864, óleo sobre lienzo,
93,2 x 70,2 cm
París: Musée d'Orsay

EL ALMUERZO CAMPESTRE
(detalle)
1863, óleo sobre lienzo,
208 x 264,5 cm
París: Musée d'Orsay

RETRATO DE
ÉMILE ZOLA
1867-1868,
óleo sobre lienzo,
146 x 114 cm
París: Musée
d'Orsay
*Fragmento

GUITARRISTA ESPAÑOL
(detalle)
1860, óleo sobre
lienzo, 147 x 114 cm
Nueva York:
Metropolitan Museum

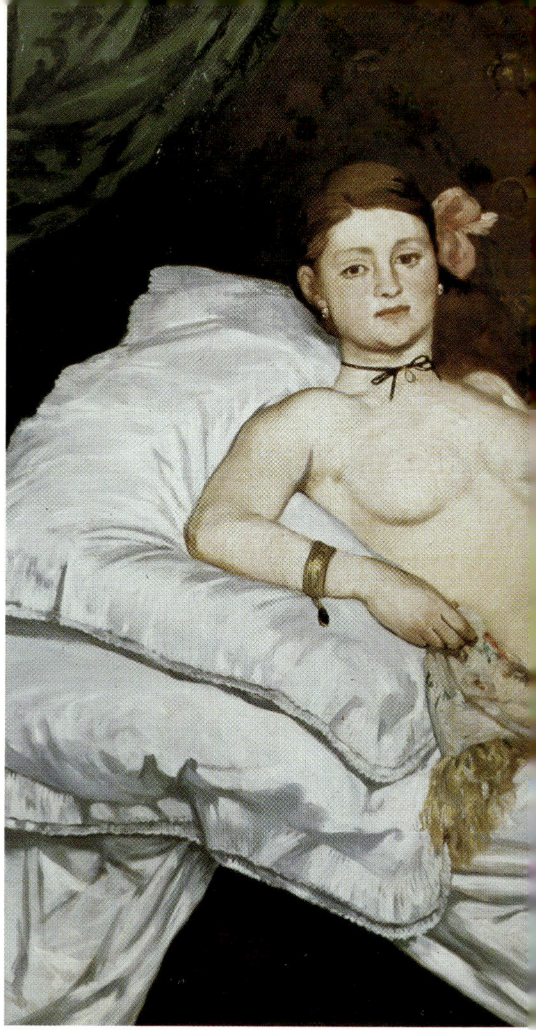

OLIMPIA
1863, óleo sobre lienzo,
130,5 x 190 cm
París: Musée d'Orsay
*Fragmento

EL BAR DEL FOLIES-BERGÈRE
1881, óleo sobre lienzo, 96 x 130 cm
Londres: Tate Gallery
*Fragmento

RENOIR

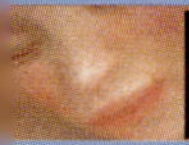

Renoir nació en 1841 en Limoges, Francia. En 1861 fue al taller de Charles Gleyre, donde conoció a Monet, Sisley y Bazille. En 1864 se dirigió a la escuela paisajística de Barbizon, que propugnaba una pintura al aire libre, en contacto directo con la naturaleza, captando la luz, la atmósfera y el color. Ansiosos de nuevas formas de observación, los impresionistas decidieron dar su visión de acabado del cuadro *in situ*.

Renoir tomó aspectos de la escuela de Barbizon, del realismo y de lo que entre él y sus colegas de oficio se estaba gestando: el impresionismo, que mantenía la idea de no acabar los cuadros tal y como se entendía académicamente. Pensaban que entonces se perdía espontaneidad y que el ambiente del instante no podía ser captado, puesto que la luz incidía en la materia con esa espontaneidad y afectaba también a los colores.

Su pintura sufrió una transformación y se volvió más lineal y precisa, abandonando la espontaneidad impresionista, pues en 1881 Renoir realizó un viaje a Argel que le llenó de energía, regresando al año siguiente a Italia, donde finalmente tomaría el ejemplo de los genios del Renacimiento y el barroco.

Retrato del artista (detalle)
h. 1876, óleo sobre lienzo,
73,7 x 60,1 cm
Universidad de Harvard:
Fogg Art Museum

El palco
1874, óleo sobre lienzo, 80 x 63 cm
Londres: Courtauld Institute Galleries

BAILE EN EL MOULIN
DE LA GALETTE
1876, óleo sobre lienzo,
131 x 175 cm
París: Musée d'Orsay

DESAYUNO DE REMEROS
1881,
óleo sobre lienzo,
129,5 x 127,7 cm
Washington:
Phillips Collection
*Fragmento

EL COLUMPIO (detalle)
1876, óleo sobre lienzo,
92 x 73 cm
París: Musée d'Orsay

LA BAÑISTA
1893, óleo sobre lienzo
Washington: National
Gallery of Art

EN LA TERRAZA
1881, óleo sobre lienzo, 100 x 81 cm
Chicago: Art Institute

LOS PARAGUAS
1883, óleo sobre lienzo, 180 x 115,4 cm
Londres: National Gallery

LAS GRANDES BAÑISTAS
1887, óleo sobre lienzo,
118 x 170 cm
Filadelfia: Museum of Art

MONET

Claude Monet nació en París en 1840, aunque pronto se trasladó a Normandía. Con diecisiete años conoció a Boudin (1824-1898), pintor paisajista, que le animó a que realizara estudios y dibujos de paisajes. Así, se encaminó a la práctica de la pintura al aire libre. En 1859 se fue a París en busca de un «buen maestro», que le permitiera aprender lo suficiente para exponer en el Salón. Comenzó a frecuentar la Académie Suisse, donde sobre todo realizó importantes contactos con Baudelaire, Duranty y Pissarro, con quien fue generando lo que se convertiría en el núcleo de los impresionistas. Entabló amistad con Sisley, Bazille y Renoir, y se relacionó con Courbet, que le sirvió de guía un tiempo. También conoció la Escuela de Barbizon, de la que aprendió más acerca de la naturaleza y su percepción.

Sus idas y venidas a diferentes lugares de Francia eran continuas. Así pudo comprender, ver y sentir con más intensidad la atmósfera y el poder de la luz en todo lugar. Incluso vivió un tiempo en Londres con la que sería su esposa y compañera hasta la muerte de ésta: Camille. En 1871 se fue a vivir a Argenteuil. Allí permanecía horas pintando y observando los cambios de luz.

En 1926 moría este representante de la sensibilidad ante la luz en la naturaleza, convirtiéndose en un enlace clave entre el romanticismo y las vanguardias del siglo XX.

MUJERES EN EL JARDÍN
1866, óleo sobre lienzo, 255 x 205 cm
París: Musée d'Orsay

Claude Monet

IMPRESIÓN, SOL NACIENTE
1872-1873, óleo sobre lienzo,
48 x 63,5 cm
París: Musée Marmottan

LA ESTACIÓN DE SAINT-LAZARE
1877, óleo sobre lienzo, 75 x 100 cm
París: Musée d'Orsay

El deshielo
1880, óleo sobre lienzo, 60 x 100 cm
París: Musée d'Orsay

El jardín y la casa de Monet en Vétheuil
1881, óleo sobre lienzo, 150 x 120 cm
Washington: National Gallery of Art

ANTIBES VISTA DESDE LA SALIS
1888, óleo sobre lienzo, 73 x 92 cm
Toledo (Ohio): Museum of Art

MUJER CON SOMBRILLA,
GIRADA A LA DERECHA
1886, óleo sobre lienzo, 131 x 88 cm
París: Musée d'Orsay

ALMIARES
1891, óleo sobre lienzo, 65 x 92 cm
Nueva York: Metropolitan Museum

LA CATEDRAL DE ROUEN
1894, óleo sobre lienzo, 100 x 65 cm
París: Musée Marmottan
*Fragmento

El estanque de los nenúfares
1899, óleo sobre lienzo, 89 x 93 cm
París: Musée d'Orsay
*Fragmento

El estanque de los nenúfares
(detalle)

NENÚFARES
1916, óleo sobre lienzo, 200 x 200 cm
Tokio: Museo Nacional de Arte Occidental

NENÚFARES
1916-1919, óleo sobre lienzo, 200 x 200 cm
París: Musée Marmottan

Paul Cézanne nació en Aix-en-Provence en 1839. Estudió en el College Bourbon, donde se impartía una educación humanista y científica muy completa. Allí conocería a su gran amigo Émile Zola. Estudió leyes, pero en sus ratos libres se dedicaba al dibujo de desnudos y a copiar cuadros. En sucesivas estadías en París conoció a los impresionistas y también tuvo contactos con el realismo, el romanticismo, tomando de ellos lo que le convenía e interesaba y transmitiéndolo con un lenguaje muy personal a base de grandes pinceladas de colores casi en estado puro. Expuso en el llamado «Salón de los Rechazados», bautizado así por los que no eran aceptados en el Salón oficial.

En su trayectoria se observa una amplia y concienzuda evolución marcada por él mismo y artistas como Pissarro, quien supuso una fuerza motivadora en su vida y le indujo a pintar al aire libre. De esta manera, la pincelada se va acortando y curvando, y va abandonando el color oscuro para dar paso al brillo visual. Esto genera paisajes más dinámicos en su concepción, donde uno parece sentir el aire que los circunda. Paralelamente, realizó naturalezas muertas, en las que se observan características similares.

Curiosamente, a través de la importancia del color y su manera de aplicarlo, llega a resultados opuestos a los del impresionismo, con una presencia activa de las formas y de las actitudes psicológicas.

AUTORRETRATO CON GORRA
1873-1875, óleo sobre lienzo, 53 x 38 cm
San Petersburgo: Museo del Ermitage
*Fragmento

LA CASA DEL AHORCADO
h. 1873, óleo sobre lienzo, 55 x 66 cm
París: Musée d'Orsay

VISTA A TRAVÉS DE LOS ÁRBOLES EN L'ESTAQUE
1883-1885, óleo sobre lienzo,
71 x 57,7 cm
Cambridge: Fitzwilliam Museum
*Fragmento

Mujer con cafetera
1890-1895, óleo sobre lienzo,
130,5 x 96,5 cm
París: Musée d'Orsay
*Fragmento

Fumador de pipa
1890-1892, óleo sobre lienzo,
73 x 60 cm
Londres: Courtauld Institute Galleries

Dos jugadores de cartas
1890-1892, óleo sobre lienzo,
58 x 69 cm
Londres: Courtauld
Institute Galleries

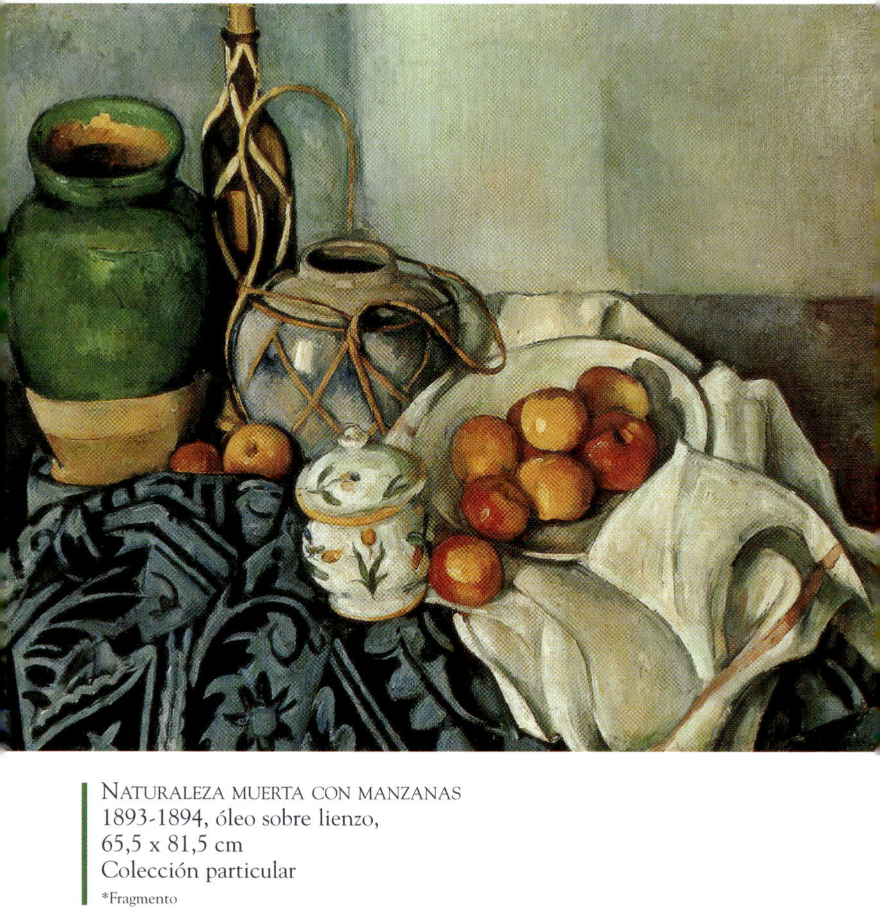

NATURALEZA MUERTA CON MANZANAS
1893-1894, óleo sobre lienzo,
65,5 x 81,5 cm
Colección particular
*Fragmento

GRANDES BAÑISTAS
1900-1905, óleo sobre lienzo,
126 x 196 cm
Londres: National Gallery
*Fragmento

LLANURA
CON EL MONTE
SAINTE-VICTOIRE
1904-1906, óleo
sobre lienzo,
65 x 81 cm
Zúrich: Kunsthaus

GAUGUIN

Paul Gauguin nació el 7 de junio de 1848 en París. Estuvo cinco años en la Marina, donde comenzó a desarrollar su espíritu aventurero. Durante bastante tiempo trabajó como agente de bolsa en Francia. Se casó y tuvo cinco hijos. Su afición por la pintura comenzó con Schuffenecker, amigo de su trabajo en la bolsa. En 1880 expuso sus obras en la quinta exposición de los impresionistas, debido a su fructífera relación con Pissarro. Al año siguiente presentó *Estudio de desnudo* (1880), con el que recibió grandes alabanzas del crítico de arte Huysmans.

Conoció las estampas japonesas y florecieron de nuevo en él sus ansias por vagar por el mundo. Así, en 1883 dejó su trabajo y a su familia y se dedicó por completo a la pintura. En 1884 decidió irse a Bretaña, donde crearía sus primeras obras maestras (*Las cuatro bretonas*, 1886). Desde este momento los viajes no cesaron. Marchó un tiempo a Panamá, de donde volvió con nuevas energías. Luego «sufrió» la convivencia con Van Gogh en Arlés, con quien mantenía amistad desde 1886. Allí el intercambio de influencias fue recíproco y muy rico, pero la tragedia advino con los accesos de locura de Van Gogh y su muerte. Después de diversas estancias en otros lugares, fue a Tahití, donde la belleza de lo primitivo le embrujó con sus motivos, temáticas y amplio cromatismo. Su última etapa la pasó en las Islas Marquesas, donde quiso vivir como un indígena más, pero marcando su superioridad racial.

AUTORRETRATO O LOS MISERABLES (detalle)
1888, óleo sobre lienzo, 45 x 55 cm
Ámsterdam: Rijksmuseum Vincent van Gogh

VISIÓN DESPUÉS DEL SERMÓN O LA LUCHA DE JACOB CON EL ÁNGEL
verano de 1888,
óleo sobre lienzo,
73 x 92 cm
Edimburgo: National Gallery of Scotland

Vahine no te Vi

MUJERES DE TAHITÍ O EN LA PLAYA
1891, óleo sobre lienzo, 69 x 91 cm
París: Musée d'Orsay

VAHINE NO TE VI (LA MUJER DEL MANGO)
1892, óleo sobre lienzo, 72,7 x 44,5 cm
Baltimore: Museum of Art
*Fragmento

MANAÒ TUPAPAÚ
(EL ESPÍRITU DE LOS
MUERTOS VELA)
1892, óleo sobre
lienzo, 73 x 92 cm
Buffalo: Albright-
Knox Art Gallery

OTAHI (SOLA)
1893, óleo sobre lienzo, 50 x 73 cm
Colección particular
*Fragmento

NAFEA FAA IPOIPO (¿CUÁNDO TE CASAS?)
1892, óleo sobre lienzo grueso,
105 x 77,5 cm
Colección particular
*Fragmento

NEVERMORE (NUNCA MÁS)
1897, óleo sobre lienzo, 60,5 x 116 cm
Londres: Courtauld Institute Galleries

DOS TAHITIANAS O LOS SENOS DE LAS FLORES ROJAS
1899, óleo sobre lienzo, 94 x 72,2 cm
Nueva York: The Metropolitan Museum of Art
*Fragmento

Vincent van Gogh nació en 1853. Sus padres lo llevaron a un internado, una de sus primeras experiencias trágicas de fuertes consecuencias en su desarrollo personal. En 1869 fue a La Haya para comenzar su aprendizaje como marchante de arte. En esos momentos comenzó a forjarse la amistad entre él y su hermano Théo. Vincent buscaba refugio en la religión, quería vivir en la pobreza y estas obsesiones se plasmaban en sus dibujos, a través de los que pretendía servir a la humanidad.

En 1880 asistió a cursos de dibujo en la Academia Real de Arte, en Bruselas. Allí no paró de dibujar intentando llenar su inmenso vacío. Después de un fracaso amoroso se trasladó, nuevamente, a La Haya, donde sufrió una fuerte evolución: hasta entonces la imitación del modelo natural había sido la base sustancial de su obra; pero ahora eso era secundario y lo primordial era la fuerte carga emocional de sus dibujos. Sus figuras eran melancólicas; gente mísera, sencilla y humilde, maltratada por la vida. A partir de aquí sus cambios de residencia fueron constantes, pues no se encontraba satisfecho en ninguna parte. Así que se fue primero a Hoogeveen, otra localidad holandesa; más tarde fue a Nuenen. Pasó otro periodo en Amberes, París, Arlés, y por último Auvres-sur-Oise. Sus obras fueron muy variadas, pero sobre todo guiadas por su afán autodidacta y las experiencias acaecidas en una vida de tormentos.

AUTORRETRATO
1889, óleo sobre lienzo, 57 x 43,5 cm
Nueva York: Colección particular

LA ARLESIANA
1888, óleo sobre lienzo, 91 x 74 cm
Nueva York: Metropolitan
Museum of Art

LOS GIRASOLES
1889, óleo sobre lienzo, 100 x 76 cm
Londres: Colección particular
*Fragmento

Vincent

LA NOCHE ESTRELLADA (CIPRESES Y PUEBLO)
1889, óleo sobre lienzo,
73,7 x 92,1 cm
Nueva York: Museum of Modern Art
*Fragmento

LA SILLA Y LA PIPA
1888, óleo sobre lienzo,
92,5 x 73,5 cm
Londres: National Gallery

AUTORRETRATO CON LA OREJA CORTADA
1889, óleo sobre lienzo, 60 x 49 cm
Londres: Courtauld Institute
*Fragmento

La siesta
1889,
óleo sobre lienzo,
73 x 51 cm
París: Museo
del Louvre

El cuarto de Vincent
1888, óleo sobre lienzo, 72 x 90 cm
Ámsterdam: Rijksmuseum Vincent van Gogh

Retrato del Dr. Gachet
1890, óleo sobre lienzo, 67 x 56 cm
Colección particular
*Fragmento

LIRIOS
1889, óleo sobre lienzo, 71 x 93 cm
Malibú: Paul Getty Museum

LA IGLESIA DE AUVERS-SUR-OISE
1890, óleo sobre lienzo, 51 x 51 cm
París: Museo del Louvre

TOULOUSE-LAUTREC

En el sur de Francia nacía, en noviembre de 1864, el hijo único de los condes de Toulouse-Lautrec: Henri. Dados sus problemas de salud su padre decidió apoyarle en su carrera artística. Usó bastón toda su vida y no pasó del metro y medio de estatura, por eso, tal vez, su madre le ayudó enormemente, y es a ella a quien dedica más retratos en su primera etapa. En esta época de postración desarrolló más aún su actividad pictórica en la que se comienza a ver una marcada predilección por la figura humana.

En su primera educación artística, la influencia de Delacroix se hizo patente. Dado su precoz desarrollo como pintor decidió ir a París. En 1882 ingresó en el taller de Bonnat, con quien copiaba a partir de esculturas en escayola. Pero él fue abandonando el academicismo en pos del arte moderno. Se fue al estudio de Cormon, mucho más liberal en sus pareceres artísticos, pero también lo abandonó prontamente para dedicarse a la vida parisina, donde conocería la variedad humana, emocional y artística de una ciudad en ebullición. Conoció a Degas y el barrio de Montmartre, modelo constante de inspiración temática.

Toulouse-Lautrec supuso la culminación de la modernidad esbozada por pintores como Manet o Degas. Se involucró en su propio arte y pensamiento hasta su fin. Se arriesgó con gran talento para dar las pautas de lo que más tarde acontecería en el arte del siglo XX: la explosión de la forma y el color.

AUTORRETRATO
1880, óleo sobre cartón, 40,5 x 32,5 cm
Albi: Musée Toulouse-Lautrec

Resaca
1889, óleo sobre lienzo, 55 x 46 cm
Cambridge (Massachusetts):
Fogg Art Museum

Moulin Rouge: La Goulue
1891, litografía a cuatro colores
(cartel), 67 x 54 cm
San Diego: Museum of Art

MOULIN ROUGE
MOULIN ROUGE
MOULIN ROUGE
CONCERT
BAL
TOUS Les SOIRS
LA GOULUE
TOUS LES SOIRS
MOULIN ROUGE
les Mercredis et Samedis
BAL MASQUÉ
CH LEVY 10 Rue Martel Paris

MARCELLE LENDER BAILANDO EL BOLERO
1896, óleo sobre lienzo, 145 x 150 cm
Colección particular

YVETTE GUILBERT SALUDANDO AL PÚBLICO
1894, reproducción sobre papel fotográfico
realzada con pintura al óleo, 48 x 28 cm
Albi: Musée Toulouse-Lautrec

Gabriel Tapié
de Céleyran
en un pasillo
del teatro
1894, óleo sobre
lienzo,
110 x 56 cm
Albi: Musée
Toulouse-Lautrec

La payasa
Cha-U-Kao
1895, óleo
sobre cartón,
54 x 49 cm
París:
Musée d'Orsay
*Fragmento

El jockey de Longchamp
1899, litografía en color,
51,5 x 36 cm
Colección particular

La toilette
(Mujer sentada de espaldas)
1896, óleo sobre cartón, 67 x 54 cm
París: Musée d'Orsay
*Fragmento

La modista
1900, óleo sobre lienzo, 61 x 49,3 cm
Albi: Musée Toulouse-Lautrec

Aristide Bruant en su cabaret
1893, litografía a cuatro colores
(cartel), 133,5 x 96,5 cm
Filadelfia: Free Library

THÉATRE ROYAL
DES
Galeries Saint-Hubert
SAMEDI 8 JUILLET
aristide
BRUANT
dans son cabaret

Jane Avril

En el salón de la rue des Moulins
1894, óleo sobre lienzo, 110 x 120 cm
Colección particular
*Fragmento

Jardin de Paris: Jane Avril
1893, litografía a cuatro colores (cartel),
54 x 40 cm
Colección particular

KLIMT

Gustav Klimt nació en Viena en julio de 1862. Ingresó en la Escuela de Artes y Oficios del Museo Austriaco de Arte e Industria de Viena, donde importantes personalidades influirían en su desarrollo artístico. Formó la «Künstlerkompanie», que alcanzó gran fama y con la que tuvo oportunidad de realizar diferentes encargos privados y públicos. La Secesión (Unión de artistas visuales de Austria) fue fundada en 1897 por Ludwig Hevesi, como revuelta estética e ideológica («a cada época su arte, al arte su libertad»). Colaboró con ellos en diversos proyectos y llegó a convertirse en un gran artista decorativo de sinuosas líneas y temáticas eróticas, que contrastarían con el conceptualismo de sus compañeros, como Loos u Otto Wagner. Con Klimt nació el concepto, muy arraigado a partir de entonces, de «la femme fatale de fin de siècle». Representaría provocadoras figuras femeninas, imagen de la cortesana de entonces envuelta en piedras preciosas y oro. La «mujer» convocaba en él el odio y la pasión más pura. Sus líneas y decoraciones embargaban las figuras, que darían lugar al «art nouveau». Una corrinte cuyos estandartes eran lo «nuevo» y «juventud», la lucha por cambiar el entorno de lo humano, llenar el mundo de cosas bellas en una sociedad cada vez más tecnificada y afeada.

EMILIE FLÖGE (detalle)
1902, óleo sobre lienzo, 179 x 80 cm
Viena: Historisches Museum der Stadt

NUDA VERITAS
1899, óleo
sobre lienzo,
252 x 56,2 cm
Viena:
Theatersammlung der
Nationalbibliothek

EL ÁRBOL DE LA VIDA (detalle) Palacio Stoclet 1905-1909, temple, acuarela, pastel, lápiz, hoja de oro y plata y otros materiales. 198 x 103,6 cm. Viena: Österreichische s Museum für Angewandte Kunst

Las tres edades de la mujer
1905, óleo sobre lienzo, 178 x 198 cm
Roma: Galleria Nazionale d'Arte Moderna

El castillo Kammer junto al Attersee
h. 1908, óleo sobre lienzo, 110 x 110 cm
Praga: Národní Galerie
*Fragmento

El beso
1907-1908, óleo sobre lienzo,
180 x 180 cm
Viena: Österreichische Galerie

LA VIRGEN
1912-1913, óleo sobre lienzo,
190 x 200 cm
Praga: Národní Galerie

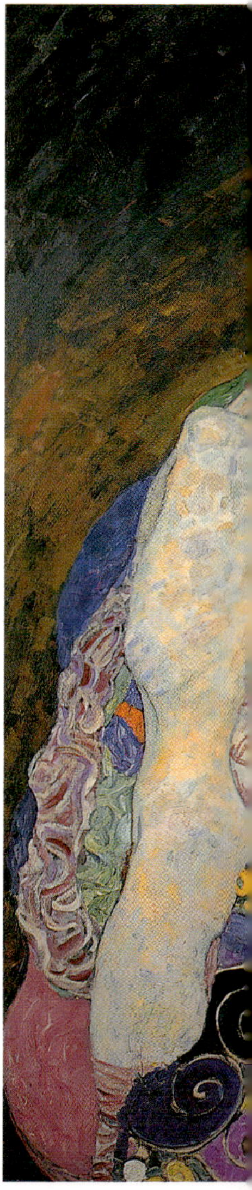

JOHANNA STAUDE
1917-1918, óleo sobre lienzo,
70 x 50 cm
Viena: Österreichische Galerie

GUSTAV
KLIMT

KANDINSKY

Vassily Kandinsky nació en 1866 en Moscú. Disfrutó de una carrera brillante en la Universidad de Economía Nacional y Jurisprudencia de Moscú, pero a los treinta años decidió dedicarse a la pintura en Múnich. Había experimentado el arte popular ruso, las óperas de Wagner (experiencia de la música con la experiencia del color y utilización del *leitmotiv*) y la muestra de los impresionistas. Esto le llevó a tomar ese camino hacia la pintura. Participó con sus obras en las exposiciones que el grupo de artistas «Phalanx» comenzaba a realizar. Poco a poco empezó a exponer en París, Cracovia, Roma, etc. En sus pinturas, el color se independizaba del tema que se pretendía tratar, generando al tiempo cierta abstracción figurativa. Con sus xilografías comenzó a manejar los elementos lineales, que cada vez serían más angulosos y duros, configurando así, un estilo expresionista. Sus cambios de domicilio en Europa le llevaron a conocer a más artistas, como los pintores *fauves*. Así, Kandinsky comenzó a aplicar el color de manera más empastada y libre, empleándolo en su más puro valor expresivo. Su pintura fue evolucionando con él, con sus cambios y descubrimientos.

Fue investigador, artista y teórico de sus propias experiencias artísticas no figurativas y de sus colores plagados de ideas. Será el preámbulo de todo el siglo xx en sus más diversas manifestaciones de abstracción.

Cielo azul
1940, óleo sobre lienzo, 100 x 73 cm
París: Centre Georges Pompidou
*Fragmento

IMPROVISACIÓN N.º 11
1910, óleo sobre lienzo, 97,5 x 106,5 cm
San Petersburgo: Museo Estatal
*Fragmento

MONTAÑA AZUL
1908-1909, óleo sobre lienzo,
106 x 96,6 cm
Nueva York: Solomon R. Guggenheim Museum
*Fragmento

IMPROVISACIÓN N.º 26
1912, óleo sobre lienzo, 97 x 107,5 cm
Múnich: Städtische Galerie im Lenbachhaus

COMPOSICIÓN 218 - DOS ÓVALOS
1919, óleo sobre lienzo, 107 x 89,5 cm
San Petersburgo: Museo Estatal
*Fragmento

AMARILLO, ROJO
Y AZUL
1925,
óleo sobre lienzo,
128 x 201,5 cm
París: Centre
Georges Pompidou
*Fragmento

CON BORDE BLANCO
1913, óleo sobre lienzo,
140,3 x 200,3 cm
Nueva York: Solomon R. Guggenheim Museum

PLANO
1929, óleo sobre lienzo, 46,5 x 33,5 cm
St. Paul de Vence: Fundación Maeght

CONTRASTE CON ACOMPAÑAMIENTO
1935, técnica mixta sobre tela, 97 x 162 cm
Nueva York: Solomon R. Guggenheim Museum

PICASSO

Pablo Ruiz Picasso nació en 1881 en Málaga. Muy pronto comenzó a crear sus primeras obras, donde ya se observaban sus dotes como pintor. En 1896 empezó a exponer obras de gran virtuosismo, realismo y simbolismo; pero su estilo pronto evolucionó, apartándose poco a poco del verismo realista. El modernismo empieza a hacer mella en Barcelona desde París y su obra comienza a cambiar inundada de optimismo. Sus colores se hacen más vivos con el uso de materiales como el *gouache* y el pastel.

La Exposición Universal de 1900 en París atrajo a muchos artistas. Nuevas revelaciones, una ciudad moderna: allí estaba Picasso. Comenzó a entrar en el círculo mercantil del arte y a tener cierta independencia económica. Sus tonos empezaban entonces a oscurecerse por la sombra y su pintura cambió y maduró, generando un estilo propio, que aun así estaría en perpetua metamorfosis. Mantuvo un fuerte interés por los temas bohemios y por las relaciones surgidas con los pintores que en ella se cobijaban.

Son infinitos los estilos y fases pictóricas de Picasso, de hecho cada cuadro puede suponer una fase o una subfase. Cada vivencia, cada amante, cada amigo suponen un mundo nuevo de inspiración y cambio. Picasso es la fertilidad del artista; es la valentía y la pasión por la vida llevada al cuadro. Es la más directa influencia en todo el arte contemporáneo y posterior.

GRAN AUTORRETRATO AZUL
1901, óleo sobre lienzo, 80 x 60 cm
París: Museo Picasso

CIENCIA Y CARIDAD
1897, óleo sobre lienzo, 197 x 249,5 cm
Barcelona: Museo Picasso

PIERREUSE, LA MANO SOBRE EL HOMBRO
1901, óleo sobre cartón, 69,5 x 57 cm
Barcelona: Museo Picasso

CELESTINA
1904, óleo sobre lienzo, 81 x 60 cm
París: Museo Picasso

LA VIDA
1903, óleo sobre lienzo,
197 x 127,3 cm
Cleveland: Museum of Art

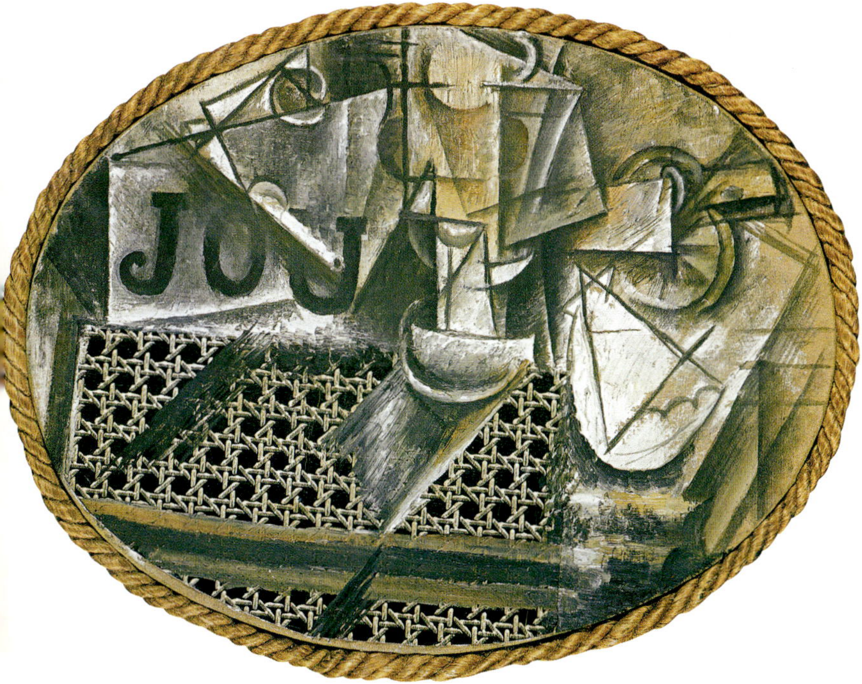

NATURALEZA MUERTA CON SILLA DE REJILLA
1912, óleo y *collage* sobre lienzo,
29 x 37 cm
París: Museo Picasso

LES DEMOISELLES D'AVIGNON
1907, óleo sobre lienzo, 243,9 x 233,7 cm
Nueva York: Museum of Modern Art

*Fragmento

DOS MUJERES CORRIENDO POR LA PLAYA
(LA CARRERA)
1922, *gouache* sobre contraplacado,
34 x 42,5 cm
París: Museo Picasso

PAUL VESTIDO DE ARLEQUÍN
1924, óleo sobre lienzo, 130 x 97,5 cm
París: Museo Picasso

Guernica
1937, óleo sobre lienzo,
349,3 x 776,6 cm
Madrid: Museo Nacional
Centro de Arte Reina Sofía

LA CABRA
1950, metal, madera, cartón, cerámica y yeso
con mimbres, 120,5 x 72 x 144 cm
París: Museo Picasso

RETRATO DE JACQUELINE ROQUE
CON LAS MANOS CRUZADAS
1954, óleo sobre lienzo, 116 x 88,5
París: Museo Picasso

Las meninas de Velázquez
(detalle)
1957, óleo sobre lienzo, 194 x 260 cm
Barcelona: Museo Picasso

El pintor y la modelo
1963, óleo sobre lienzo, 195 x 130,3 cm
Múnich: Staatsgalerie

MIRÓ

Joan Miró nació en Barcelona en 1893. Era un momento de apogeo modernista, muy productivo en la motivación y formación de este futuro artista. Vivió temporalmente en el campo y pintó a la manera realista varios cuadros de temática rural. En 1918 realizó su primera exposición individual, poniendo fin a su etapa de formación y dándose a conocer por su personal visión del color, al que le confiere una importancia vital. El retrato también comienza a tomar relevancia. Hacia 1918 sus composiciones eran cada vez más cubistas, sin abandonar su figuración. En 1920 decide marchar a París, donde mantuvo una hermosa amistad con Picasso. Allí quedó influido por todo cuanto veía. Durante unos años su vida transcurrió entre idas y venidas de Barcelona a París. A partir de entonces su carrera como pintor comenzó a florecer. Realizó otra exposición individual en París, en 1921; las críticas fueron muy buenas y la evolución constante y progresiva. El color plano imprime identidad a sus obras, en las que la sencillez de la composición se ve aturdida por la tranquilidad de los colores.

Muere tras casi un siglo de existencia en el que su actividad no cesa y se sitúa en un continuo cambio a raíz del encuentro de un lenguaje propio, persistente e inconfundible. Se convierte de esta manera en uno de los pintores españoles más importantes de la Historia de la Pintura.

AUTORRETRATO
1919, óleo sobre lienzo, 73 x 60 cm
París: Museo Picasso

La lámpara de carburo
1922-1923, óleo sobre lienzo,
38,1 x 45,7 cm
Nueva York: Museum of Modern Art

La mesa con conejo
1920, óleo sobre lienzo, 130 x 110 cm
Colección particular
*Fragmento

PINTURA
1936, óleo, caseína, alquitrán y arena sobre masonita, 78 x 108 cm
Colección particular

MUJERES RODEADAS POR EL VUELO DE UN PÁJARO
1941, aguarrás sobre papel, 46 x 38 cm
Colección particular

LA NOCHE SE RETIRA AL RITMO DEL ALBA AGUJEREADA POR EL DESLIZAMIENTO DE UNA SERPIENTE
1954, óleo sobre masonita, 108 x 54 cm
Colección particular

PINTURA (detalle)
1954, óleo sobre lienzo, 46 x 38 cm
Barcelona: Fundación Joan Miró

SOLEDAD
1960, óleo sobre cartón,
75 x 105 cm
Colección particular

LA CALABAZA DE LOS PÁJAROS
1956, cerámica, 50 x 35 cm
Nueva York:
Colección particular

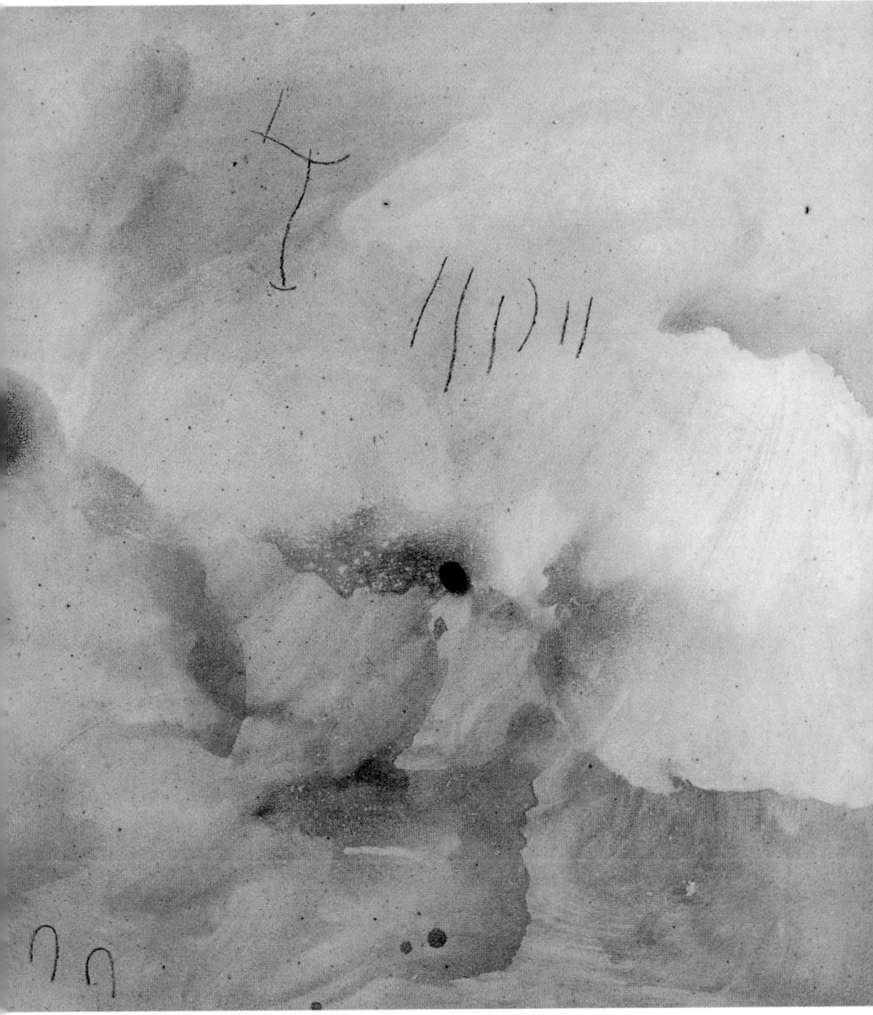

Mural del aeropuerto de Barcelona
1970, cerámica, 10 x 50 m
Barcelona: Aeropuerto de El Prat

El oro del azul
1967, acrílico sobre lienzo, 205 x 173,5 cm
Barcelona: Fundación Joan Miró
*Fragmento

DALÍ

Salvador Dalí nació en Figueras en 1904. Mientras estudiaba en la Escuela de Bellas Artes de San Fernando de Madrid, vivía en la Residencia de Estudiantes, colegio mayor progresista, punto de referencia de muchos artistas del momento, como la «Generación del 27», de la que Dalí tambien formó parte. Allí hizo muy buena amistad con Lorca y con Buñuel, con quien realizaría la película *El perro andaluz*. Sus pinturas en estos años tenían una evidente influencia del cubismo, del futurismo y de la pintura metafísica. Su primera exposición individual la hizo en 1925. Una de las obras más innovadoras que expuso fue *Muchacha de pie en la ventana* (1925). Con este cuadro se introdujo en el panorama pictórico del momento, presentando una obra en la que el mundo interior se equilibra con el exterior de manera casi metafísica.

A partir de este momento su evolución fue constante. Fueron muchos los acontecimientos decisivos en su vida, como su contacto con Freud, el surrealismo y su relación con Gala, su amante, musa y universo. Su desarrollo intelectual y de búsqueda no cesó y continuó pintando grandes, polémicas y celebradas obras; publicando libros y manifiestos, como el *Manifiesto Anti-materia* y viviendo su propio delirio. Su vida fue siempre muy inquieta y en auto-revisión continua, lo cual propició una obra de infinito valor artístico.

AUTORRETRATO CON CUELLO RAFAELESCO (detalle)
1920-1921, óleo sobre lienzo, 41,5 x 53 cm
Figueras: Fundació Gala-Salvador Dalí

MUCHACHA DE PIE EN LA VENTANA
1925, óleo sobre lienzo, 102 x 75 cm
Madrid: Museo Nacional Centro
de Arte Reina Sofía

MUCHACHA DE ESPALDAS
1925, óleo sobre lienzo, 104 x 74 cm
Madrid: Museo Nacional Centro de
Arte Reina Sofía
*Fragmento

RETRATO DE LUIS BUÑUEL
1924, óleo sobre lienzo, 68,5 x 58,5 cm
Madrid: Museo Nacional Centro
de Arte Reina Sofía

RETRATO DE PAUL ÉLUARD
1929, óleo sobre cartón, 33 x 25 cm
Colección particular
*Fragmento

EL GRAN MASTURBADOR
1929, óleo sobre lienzo,
110 x 150 cm
Madrid: Museo Nacional
Centro de Arte Reina Sofía

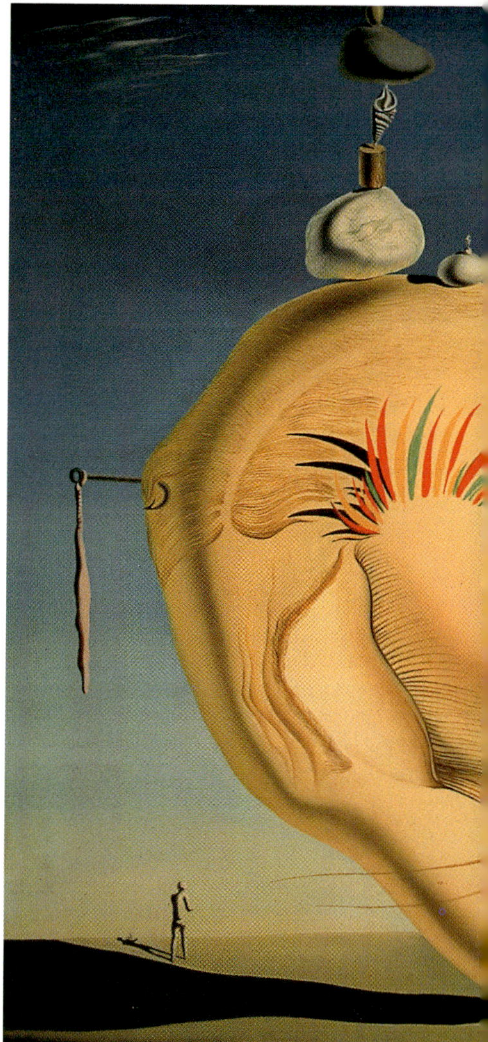

La persistencia de la memoria
o Relojes blandos
1931, óleo sobre lienzo, 24 x 33 cm
Nueva York: Museum of Modern Art
*Fragmento

Construcción blanda con judías hervidas.
Premonición de la guerra civil
1936, óleo sobre lienzo, 100 x 99 cm
Filadelfia: Museum of Art

CRISTO DE SAN JUAN DE LA CRUZ
1951, óleo sobre lienzo, 205 x 116 cm
Glasgow Art Gallery

LEDA ATÓMICA
1949, óleo sobre lienzo,
61,1 x 54,3 cm
Figueras: Fundació Gala-Salvador Dalí

*Fragmento

NATURALEZA MUERTA VIVIENTE
1956,
óleo sobre lienzo,
125 x 160 cm
St. Petersburg (Florida): Salvador Dalí Museum
*Fragmento

GALA DESNUDA DE ESPALDAS MIRANDO UN ESPEJO INVISIBLE
1960, óleo sobre lienzo, 42 x 32 cm
Figueras: Fundació Gala-Salvador Dalí

Dalí levantando la piel del mar Mediterráneo para enseñar a Gala el nacimiento de Venus
1977, óleo sobre lienzo, obra estereoscópica en dos plafones de 101 x 101 cm
Figueras: Fundació Gala-Salvador Dalí

Esta peculiar pareja supuso, cada uno en su personal estilo pictórico una revolución para el arte mexicano a nivel internacional. Fueron el germen y el fruto de sucesivas generaciones de artistas muy interesantes en Hispanoamérica.

Diego Rivera nació en Guanajuato en 1886. Estudió en la Academia San Carlos tras el traslado de su familia a Ciudad de México y allí comenzó una brillante carrera como pintor. Estableció importantes relaciones con otros intelectuales europeos (políticos y teóricos) y con magnates estadounidenses. En sus obras narrará todas las experiencias e inquietudes sociales y morales que le invadían, consiguiendo ese mismo efecto en el espectador.

Frida Kahlo nació en 1907 y comenzó a pintar desde la adolescencia. Su pasión por la pintura creció en los momentos en que su vida daba un gran vuelco debido a un accidente, que le causaría serios problemas físicos y psicológicos para el resto de su vida. Ya en la escuela vio pintar a Rivera; nunca imaginó que compartirían sus vidas, pasiones y admiraciones en una relación en la que el aprendizaje siempre fue mutuo, pero acompañado de amargura y tormento. Sus obras destacan por un personal lenguaje y motivos de su propia vida, que se convierte en la de todos. He ahí su genialidad, expresada de manera tan realista que se torna fantástica.

FRIDA KAHLO Y DIEGO RIVERA
Frida Kahlo. 1931, óleo sobre lienzo, 100 x 79 cm
San Francisco: Museum of Modern Art
*Fragmento

Diego Rivera
San Francisco California
1931.

VENDEDORA DE ALCATRACES
Diego Rivera. 1942, óleo sobre masonita, 121,5 x 122 cm
Colección particular

LA CIVILIZACIÓN HUASTECA
Diego Rivera. 1950, pintura al fresco, 4,92 x 2,24 m
Ciudad de México: Palacio Nacional, galería del patio (pared norte, quinto mural principal), del ciclo *México prehispánico y colonial*

*Fragmento

LAS DOS FRIDAS
Frida Kahlo. 1939, óleo sobre lienzo, 173,5 x 173 cm
Ciudad de México: Museo de Arte Moderno

AUTORRETRATO CON EL PELO SUELTO
Frida Kahlo. 1947, óleo sobre fibra dura, 61 x 45 cm
Colección particular

Rivera/Kahlo

WARHOL

En 1928 nació Andy Warhol en Estados Unidos, en el seno de una familia de origen checo. Estudió arte en el Instituto Carnegie de Tecnología en unos momentos en los que la tendencia dominante era el expresionismo abstracto, pero él decidió marcharse a Nueva York tras su graduación. Pronto comenzó a trabajar como ilustrador de revistas como *Glamour* y *Vogue*. Realizó también los diseños de escaparates para grandes almacenes y joyerías, como Tiffanny & Co. En los años sesenta nace la cultura pop, y Warhol será su máximo representante. Esto sucede tras el apogeo del expresionismo abstracto, liderado por artistas como Pollock, De Kooning, Rothko, etc. En las obras de Warhol está el mayor ejemplo de estos tiempos: en la Factory (su estudio convertido en meca de artistas de vanguardia), en sus creencias y su gente, en su arte y en su mente.
Los colores que aplica con pintura acrílica (manifiesto de la modernidad) son planos y delimitados por una línea negra, característica común en sus obras.
La relación entre la vida y el arte, como experiencia vital, es la semilla y la flor de su obra. Alcanzó esta simbiosis sublime con elementos que según él suponían un canto a la belleza. Su muerte fue una sorpresa: tras una operación de vesícula abandonaba el espectro del arte y la vida a los 58 años para alcanzar la gloria del artista contemporáneo, un mito eterno.

AUTORRETRATO DE CAMUFLAJE
1986, serigrafía y acrílico sobre lienzo,
203,2 x 203,2 cm
The Estate of Andy Warhol
*Fragmento

DOSCIENTAS DIEZ BOTELLAS DE COCA-COLA
1962, serigrafía y acrílico sobre lienzo, 208 x 267 cm
Colección Martin and Janet Blinder

MARILYN
1962, serigrafía y acrílico sobre lienzo, 101,5 x 101,5 cm
Colección particular

MAO
1973, serigrafía y acrílico sobre lienzo, 66 x 55,9 cm
The Estate of Andy Warhol

DICK TRACY
1960, caseína y lápiz sobre lienzo,
122 x 86 cm
Colección particular

CIEN LATAS DE SOPA CAMPBELL
1962, óleo sobre lienzo,
182,9 x 132,1 cm
Buffalo: Albright-Knox Art Gallery

Campbell's
CONDENSED
BEEF
NOODLE
SOUP

LIZ COLOREADA DE PRIMERA ÉPOCA
1963, serigrafía y acrílico sobre lienzo,
101,6 x 101,6 cm
Colección particular

TRIPLE ELVIS
1962, serigrafía y pintura de aluminio,
208,3 x 152,4 cm
Richmond: Virginia Museum of Fine Arts

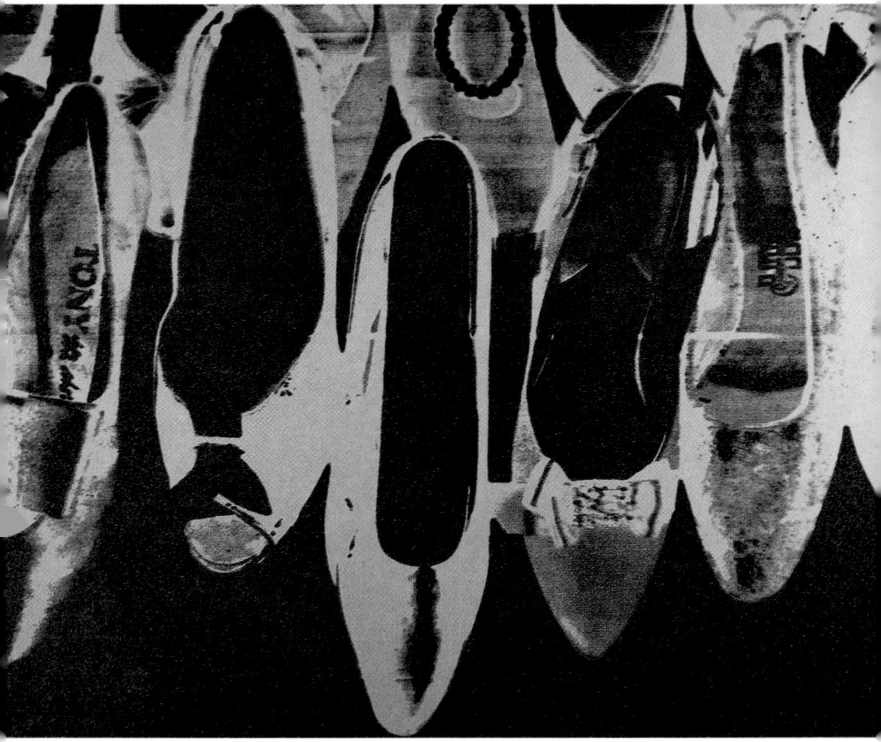

ZAPATOS CON POLVO DE DIAMANTE
1980, serigrafía, polvo de diamante y acrílico
sobre lienzo, 177,8 x 228,6 cm
The Estate of Andy Warhol
*Fragmento

CUBIERTA DEL LIBRO DE LA PELÍCULA
«BLUE MOVIE»
1968

B-250 $1.75
Blue Movie
by Andy Warhol
The complete dialogue with over 100 photos.

ÍNDICE

Retrato del tío Tanguy
Vincent van Gogh

Nenúfares
CLAUDE MONET